錢穆先生全集

錢穆先生全集

[新校本]

陽明學述要

九州出版社

圖書在版編目（CIP）數據

陽明學述要 / 錢穆著 . -- 北京：九州出版社，2011.1（2023.6 重印）
（錢穆先生全集）
ISBN 978-7-5108-0698-8

Ⅰ . ①陽… Ⅱ . ①錢… Ⅲ . ①王守仁（1472~1528）- 哲學思想 - 研究 Ⅳ . ① B248.25

中國版本圖書館 CIP 數據核字（2010）第 206039 號

陽明學述要

作　　者　錢　穆　著
責任編輯　湯金松
出版發行　九州出版社
裝幀設計　陸智昌　張萬興
地　　址　北京市西城區阜外大街甲 35 號
郵　　編　100037
發行電話　（010）68992190/3/5/6
網　　址　www.jiuzhoupress.com
印　　刷　三河市東方印刷有限公司
開　　本　635 毫米 ×970 毫米　16 開
插頁印張　0.5
印　　張　9
字　　數　93 千字
版　　次　2011 年 1 月第 1 版
印　　次　2023 年 6 月第 3 次印刷
書　　號　ISBN 978-7-5108-0698-8
定　　價　45.00 元

錢穆先生

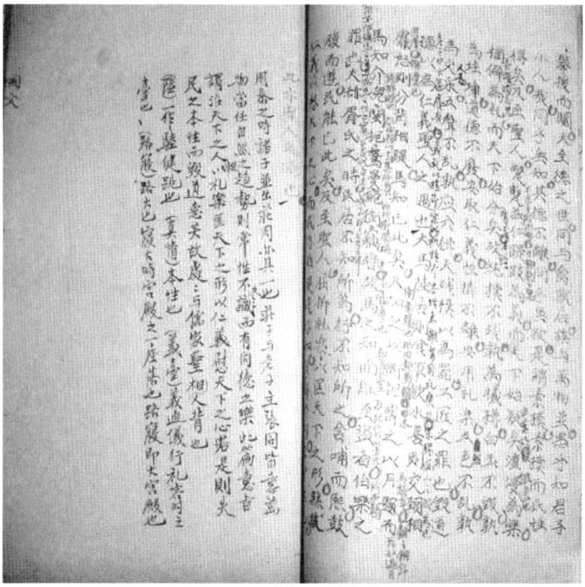

錢穆先生著作

新校本說明

錢穆先生全集，在臺灣經由錢賓四先生全集編輯委員會整理編輯而成，臺灣聯經出版事業公司一九九八年以「錢賓四先生全集」為題出版。作為海峽兩岸出版交流中心籌劃引進的重要項目，這次出版，對原版本進行了重排新校，訂正文中體例、格式、標號、文字等方面存在的疏誤。至於錢穆先生全集的內容以及錢賓四先生全集編輯委員會的注解說明等，新校本保留原貌。

九州出版社

出版說明

本書原名王守仁，乃錢賓四先生民國十七年春應上海商務印書館之邀而作，收入該館所編萬有文庫中，初版於十九年十月。是書雖篇幅不大，然述王學則溯自宋學以來，至王學本身，乃至王學之流傳，其大綱大節，實已提揭無遺。先生講明王學，尤特提醒讀者「脫棄訓詁和條理的眼光，直透大義，反向自心」，洵可謂能得王學「事上磨鍊」之著精神處者。

逮一九五四*年十月，先生將原書略加改定，易名陽明學述要，交由臺北正中書局於一九五五年三月再版。此次重排，即據正中版爲底本，除改正原版若干誤植文字及調整若干標點符號外，內容不作更動。排校工作雖力求慎重，而錯誤疏漏，料將難免，敬希讀者不吝指正。

本書由陳仁華先生負責整理。

錢賓四先生全集編輯委員會　謹識

*新校本編者注：原文為「民國」紀年。下同。

目次

序

講理學最忌的是搬弄幾個性理上的字面，作訓詁條理的工夫，卻全不得其人精神之所在。次之則爭道統，立門戶。尤其是講王學，上述的伎倆，更是使不得。王學雖說是簡易直捷，他的簡易直捷，還從深細曲折處來。這是一本四五萬字的小册子，若要把王學的深細曲折處一一剖示，自所不能；但王學之眞著精神處，亦已扼要地顯露。讀者須脫棄訓詁和條理的眼光，直透大義，反向自心，則自無不豁然解悟。爲要指點爭道統、鬧門戶的無聊，在起首增了兩章，在結梢又添了一章，講及北宋以下理學諸儒的努力和見地，直到陽明末後，以及清儒。雖則粗略已極，對於王學眞切的認識上，決非無補。至於陽明一生事業，因本書體裁所限，不得不格外地從略。在第三、第四和第八章裏，雖也敍到個大概，到底有不完不備之嫌。陽明講學，偏重實行，事上磨練，是其著精神處。講王學的人，自然不可不深切注意於陽明一生的事業。讀者能把陽明全書裏詳細的年譜和近人余重燿的陽明先生傳纂仔細一讀，庶無缺憾。本書所引各家原文，均據黃氏父子兩學案；別有稱舉，則隨條附注，此不備列。著者在人事紛拏之際，草促成書，未能精心結撰。本所欲言，十不得一，而氣脈文理亦先後有殊。此則深所自疚。其紕繆處，以待大雅之教正。

民國十九年三月無錫錢穆識。

再版序

本書成於民國十九年春，距今已二十五年。今年夏來臺北，國人上下，痛於流亡喪亂之禍，羣思所以奮人心，作正氣，以挽頹運而培國脈。總統蔣公提倡王學，朋好相知，謂予此書，可資參發，慫恿再版。十月返港，遂將舊稿略一繙讀，稍有增潤。回念憂患餘生，困乏流徙，所可藉以爲動心忍性之助者，宜不少矣，而所學未見有進；期督之加，彌滋慚疚。覆瓿之物，重災梨棗，亦僅以見其遭亂不學之無狀而已。

一九五四年十月錢穆識於九龍新亞書院

宋學裏面留下的幾個問題

大凡一家學術的地位和價値，全恃其在當時學術界上，能不能提出幾許有力量的問題，或者與以解答。自然，在一時代學術創始的時候，那時學者的貢獻，全在能提出問題；而一時代學術到結束的時候，那時學者的責任，全在把舊傳的問題與以解答。宋明六百年理學，大體說來，宋代是創始，而明代則是結束。王守仁尤是明代學者裏的重鎭。到他手裏，理學纔達頂點，以後便漸漸地衰落了。所以評論王學的價値和地位，要看他解答問題的一面。那些問題，是從北宋時早已提出，積疊討論，遺傳下來的。現在要講王學，先講宋學裏面留下的幾個問題。

大體扼要地說來，宋代學者所熱烈討論的問題，不外兩部：一部是屬於本體論的，一部是屬於修養論的。他們雖說是意見紛歧，不相統一；但是到底有他們全體一致的見解。他們有全體一致的見解，所以成其爲一時代的學風；他們的意見紛歧，不相統一，便在共同的學風下面保存著他們各人的精神和面貌。他們對於本體論共同的見解是「萬物一體」，他們對於修養論共同的見解是「變化氣質」，許多問題便從這上面發生。

最先提出「萬物一體」的主張的，可說是周濂溪的太極圖說，其次便是張横渠的西銘。紛歧的意見，也便從這裏引逗。依據常識的觀念，萬物只是萬物，各個個體是各自分離，各自獨立的。現在要說各個體並不各自分離，各自獨立，像一般的見解。各個體的内質實在是一個更大的全體，而各個體乃其全體之一相。譬如耳目口鼻，只是人面的一相。要叫人棄掉小我的成見，認識大我的眞理。這一番理論如何的說起，這一種證據如何的找尋？這是周濂溪、張横渠提出的問題，而爲一輩宋儒所熱心的討究的。

「萬物一體」的問題，本來也不是宋儒特有的。從各民族的思想史上看來，提出這個問題而加以討究，也已不知幾多次數的了。他們的解答，不外是三點：一是說萬物都是一個天神所創造，所以是一體的；一是說萬物只是一種原質所變化，所以是一體的；一是說萬物只是一個心鏡所照現，所以是一體的。這三種說法，便成了宗教、科學和哲學。有些人天性好動，愛複雜，愛玄妙，他專向外面去尋證據，找説法，結果就有惟神的宗教，和惟物的科學；有些人天性好靜，愛單純，愛切實，他專向自己本身去尋證據，找説法，結果就有惟心的哲學。普通說來，哲學裏有惟心、惟物兩派的爭論，其實惟物派的哲學，只是科學的倡導或是他的宣傳罷了。照我意思，要說萬物一體，只有三種說法，一是惟神論，一是惟物論，一是惟心論。說法不同，他們找尋的證據，也便不同。

周濂溪的太極圖說，是從「惟物」的觀點上說明「萬物一體」的。現在引其原文之一節如下：

無極而太極，太極動而生陽，動極而靜，靜而生陰，靜極復動。一動一靜，互為其根。分陰分陽，兩儀立焉。陽變陰合而生水、火、木、金、土。五氣順布，四時行焉。五行一陰陽也，陰陽一太極也，太極本無極也。五行之生也，各一其性。無極之眞，二五之精，妙合而凝。乾道成男，坤道成女，二氣交感，化生萬物。萬物生生而變化無窮焉，惟人也得其秀而最靈。

這是說人和萬物最先只是水、火、木、金、土五行，五行的起先只是陰、陽二氣，陰、陽的起先只是一動和一靜；但是要求那一動的起先是無可推求的了，所以說是「無極而太極」。太極是推求的最先因，若由此再推求，則更無最先因可見，故說是「無極而太極」。或說萬物是上帝所創造，或說萬物乃吾心所照現，都是尋因於物外。現在是卽物本身而言，故更無最先因可見，這便是自然主義的舊論調。

張橫渠的西銘，便和濂溪太極圖說不同。他說：

乾稱父，坤稱母，予玆藐焉，乃渾然中處。故天地之塞吾其體，天地之帥吾其性。民吾同胞，物吾與也。

他只說著天地萬物之與吾爲一體，卻沒有羅列證據，說出其所以然。

到後來二程手裏，他們極推尊西銘。程明道說：「自孟子後蓋未見此書。」程伊川說：「西銘擴前聖所未發，與孟子性善、養氣之論同功。」朱子也說：「程門專以西銘開示學者。」但是濂溪的太極圖說，則二程生平並未道及一字。這其間顯見有一個道理。原來二程講學，愛從自己心坎上說起，他們不喜歡走遠路，像濂溪的太極圖說那樣，逆溯到天地未生之前，又推廣到萬物之無窮。他們以爲要指點天地萬物之一體，不必從天地萬物著想，只叫人反認心體，便已見得。程明道的識仁篇說得很明瞭。他說：

學者須先識仁，仁者渾然與物同體。……識得此理，以誠敬存之而已。

又說：

訂頑意思，乃備言此體。以此意存之，更有何事？

橫渠西銘，原名訂頑。頑則是麻木不仁，訂頑裏的意思便是仁，仁便是渾然與物同體，學者只須把此意思誠敬地存之於心便得，這是明道的見解。伊川的說法也和明道差不多。他說：

> 一人之心，卽天地之心；一物之理，卽萬物之理。

又說：

> 聖人之心，未嘗有在，亦無不在。蓋其道合內外，體萬物。

可見他對於「萬物一體」，亦只從心上說。

講到這裏，雖說是本體上的問題，其實已關涉到修養的方法上去。天地萬物與我一體，這是宋儒所公認的；只是怎樣去認識或說明，纔有異同。有些主張從吾心去體認，有些主張從萬物去參究。這不徒二程與周、張有異同，卽周、張自身，從他們著作上看來，已有此異樣的趨向了。濂溪太極圖說似乎近於有惟物論的傾向；但是他的通書，便多從心性上講。橫渠的西銘，雖不涉及陰陽五行之說；但是他的正蒙，便多講陰陽五行了。這一個歧趨，直到南宋朱晦菴和陸象山，纔明白的分裂，明白的對峙。

朱子講格物，要「卽凡天下之物，莫不因其已知之理而益窮之，以求至乎其極。一旦豁然貫通，則眾物之表裏精粗無不到，而吾心之全體大用無不明。」這是承著濂溪太極圖說、橫渠正蒙的精神。象山只說立心，說自立，說自省自覺，說心卽理，說萬物皆備於我，比較與二程尤其是大程爲近。他們的所謂理，便是天地萬物一體之理，一個要卽物而格，一個要反求之心。所以朱子極推濂溪太極圖說，而象山則疑爲非周子所爲，或是其學未成時所作，說他與通書不類。他們往復的辨難，便是這個來歷。

同時對於橫渠西銘，朱子和象山之兄梭山，也有一番爭辨。象山和朱子辨「無極」，便是接著梭山的未竟之論。梭山、象山，他們自然是意見一致的。現在把梭山和朱子辨西銘的意見摘要一說。

梭山的原書早已遺失了。根據朱子答書，大抵梭山以爲西銘不當謂乾坤爲父母，失之膠固。朱子答書云：

……（上文辨「無極」。）至於西銘之說，尤更分明。今且以首句論之，人之一身，固是父母所生；然父母之所以為父母者，卽是乾坤。若以父母而言，則一物各一父母；若以乾坤而言，則萬物同一父母矣。萬物同一父母，則吾體之所以為體者，豈非天地之塞？吾性之所以為性者，豈非天地之帥哉？古之君子，惟其見得道理眞實如此，所以親親而仁民，仁民而愛物。推其所為，以至於能以天下為一家，中國為一人。而非意之也。今若必謂人物只是父母所生，更與乾坤都無干涉；其所以有取於西銘者，但取其姑為宏闊廣大之言，以形容仁體，而破有我之私而已。則是所謂仁體者，全是虛名，初無實體。而小己之私，卻是實理，合有分別。聖賢於此，卻初不見義理，只見利害，而妄以己意造作言語以增飾其所無，破壞其所有也。若果如此，則其立言之失，膠固二字，豈足以盡之？而又何足以破人之梏於一己之私哉？

此爲朱子第一書。尚有第二書云：

熹所論西銘之意，正為長者以橫渠之言，不當謂乾坤實為父母，而以膠固斥之，故竊疑之。以為若如長者之意，則是謂人物實無所資於天地，恐有所未安耳。非熹本說固欲如此也。今詳來誨，猶以橫渠只是假借之言，而未察父母之與乾坤，雖其分之有殊，而初未嘗有二體。但其分之殊，則又不得而不辨也。

詳觀朱子二書，他認「萬物一體」之理，是外面的實在本體如此，並非吾心以意會之的。要證明這一層說法，只有兩條路可走。一是前舉的所謂「格物」，卽凡天下之物而格之，以求至乎其極，便可明得「萬物一體」之理。但是這條路太難太遠了，朱子並非不知。要從眞實的格物方法來證明天地萬物與我一體，這實在不是件容易的事。朱子爲這個困難，尚有第二條較易較近的路指導人去走。這便是「讀書信古」。前古聖賢說的話，既是先得吾心之所同然，那就不錯了，我只要信了他便是，不必親自去格物。這便是上舉與梭山第一書裏說的：「古之君子，惟其見得道理眞實如此，所以能以天下爲一家，中國爲一人，而非意之」的話。朱子的意思，只不放心各人自己的心，以爲這個道理（萬物一體）

還得從外面格物上切實去研求；否則不如信從古人說話，也是個簡便的門道；若是「以意謂之」，這是空虛的、危險的。梭山的意見恰和朱子相反，他好像以爲這個道理不一定外物眞個是如此，前人雖這樣說過，也不一定眞個是實，都不好認眞，只有吾心認爲如此才是眞。這一段辨論，很可以扼要地顯出朱、陸的異同。

天地萬物一體之理，究竟應該格之外物呢？還是應該立之吾心？這是宋儒爭論未決的一個重要問題。宋儒講學，原是側重在方法一面的。這個問題，雖說是本體論上的問題；而精神所注，也只是方法論一邊的意味爲多。下面是講他們方法上的爭論。

照理論說來，天地萬物是與我一體的了；但是照事實講，卻依舊有小我之私，與天地萬物隔閡。如何打通這一層隔閡，泯化小我，還復大我？宋儒有一句扼要的話，叫做「變化氣質」。橫渠的正蒙說過：

> 形而後有氣質之性，善反之，則天地之性存焉。故氣質之性，君子有弗性者焉。

程明道說：

> 學至氣質變，方是有功。

朱子說：

氣質之說，起於張、程，極有功於聖門，有補於後學，前此未曾說到。故張、程之說立，則諸子之說泯矣。

現在且問，如何纔叫氣質變化呢？明道的語錄上曾經舉著一個具體的例說：

人語言緊急，莫是氣不定否？曰：「此亦當習，習到自然緩時，便是氣質變也。」

然則氣質變化，照明道的說法，是無異於革除一個舊習慣而養成一個新習慣。在他的識仁篇上也說：

存得便合有得。蓋良知良能，元不喪失。以昔日習心未除，卻須存習此心，久則可奪舊習。此理至約，惟患不能守。既能體之而樂，亦不患不能守也。

本來小我之私，只是心理上相沿的一種習慣，一種思想上的積習。

宋儒意見，人生一切習慣，皆從軀體起。他們所謂「氣質」，即指軀體而言。他們理想的人生，一切應服從純理性的指導，不該爲軀體所左右或主宰。故須變化氣質。即如嬰孩生命開始，那時他尚不知有所謂小我之私。小我之私，只是人心以後逐漸染得的新習。要泯化小我，還歸大我，則須把天地萬物與我一體的理想常存在心，令他成爲心理上思想的又一新習慣。待那新習慣既成，以前舊習慣自除，小我之私，便自泯化。那時則是變化氣質後的理想境界了。而且照宋儒意見，萬物一體的思想，也比較小我之私，更合於人心本來的趨嚮，更合於人的良知良能。人心的思路，實在與那種方式更爲切近而自然。橫渠、明道變化氣質論的大意，大致是如此。論及工夫，也並不甚難。明道的定性書上說過：

> 夫人之情，易發而難制者惟怒為甚。第能於怒時，遽忘其怒而觀理之是非，亦可見外誘之不足惡，而於道亦思過半矣。

伊川也說：

> 治怒為難，治懼亦難。克己可以治怒，明理可以治懼。

治怒、治懼，都是變化氣質的實際工夫。克己是泯其小我。明理是復歸大我。「遽忘其怒」便是克己，「觀理之是非」便是明理。宋明儒又提出一句口號，叫做「存天理，去人欲」。也便是這個意思。其實那些全只是變化氣質的方法，變化氣質只是要泯化小我，復歸大我。

不過變化氣質這一件事，說來固容易，做來卻甚難。下面再舉一個著名的例：

明道曰：「吾年十六七時，好田獵，既見茂叔，則自謂無此好矣。茂叔曰：『何言之易也？但此心潛隱未發，一旦萌動，復如初矣。』後十二年，復見獵者，不覺有喜心，乃知果未也。」

這可見心理習慣，要徹底革除，實非易事，這卽說明了變化氣質之不易。後來劉蕺山評論這件故事說：

程子十二年化個喜獵心不得。獵心躲在，那學得成？故曰：有多少病在。若一旦消化得，便一旦學得成。不然，十數年來，竟費了幾場交戰。

又說：

方未見時，不知閃在何處了，知此，可知未發之中。

程門學者相傳要在靜坐時「看未發之中」，秘爲學訣，也便是這個意思。相類的故事還有幾件：

明道在澶州日，修橋少一長梁，曾博求之民間。後因出入，見林木之佳者，必起計度之心。因語以戒學者，心不可有一事。

「心不可有一事」，便是要使他沒有潛隱，沒有躲閃。明道又說：

人心不得有所繫。

也是此意。要做到這一層，惟一的訣竅便是「敬」。明道說：

敬勝百邪。

學者不必遠求，近取諸身，只明人理，敬而已矣，便是約處。

李籲問：「每常遇事，即能知操存之意。無事時如何存得熟？」曰：「……但存此涵養意久，則自熟矣。敬以直內，是涵養意。言不莊不敬，則鄙詐之心生矣；貌不莊不敬，則怠慢之心生矣。」

又說：

敬須和樂，只是中心沒事也。

「中心沒事」，是形容「敬」的最好狀態，便是上面說的無潛隱，無躲閃。明道又說：

心要在腔子裏。

這句話宋儒用來釋「敬」字。原來「心在腔子裏」，本是心無所繫的意思。心無所繫，便是心中沒事，無潛隱，無躲閃了。「敬」只是要人中心沒事，心無所繫；但人多誤會了，便把一個「敬」字繫在心上，這又不免橫添一事。所以明道又說：

執事須是敬，又不可矜持太過。

學者須敬守此心，不可急迫。當栽培深厚，涵泳於其間，然後可以自得。但急迫求之，終是私己，終不足以達道。

今學者敬而不自得，又不安者，只是心生，亦是太以敬來做事得重，此恭而無禮則勞也。……只恭而不為自然的道理，故不自在。須是恭而安，……只是天理只如此本無私意。只是個循理而已。

這番議論還有個極明顯的事實作例。明道說：

某寫字時甚敬，非是要字好，卽此是學。

根據上述，「敬」字的涵義，可以約略規定如下：

敬是一種心理的態度，或說是活動。若從反面說，則是中心沒事，是心無所繫，是心底裏無潛隱，無躲閃；若從正面說，則是循理，是敬。人心有所繫便是私，能循理便是公。

照此說來，敬字工夫，也不過要我們「去人欲，存天理」，泯化小我，還歸大我，達到變化氣質的理想。可是問題便在這裏發生。爲何呢？

上面說過，「敬」字的主要涵義，本是要人去私欲，循天理；但是「天理」又是什麼呢？怎樣才算是「天理」呢？「理」的體段認不清楚，則「敬」的工夫，又如何下手呢？明道也說：

識得此理，以誠敬存之。

現在的問題是此理叫人如何識法？

問：「不知如何持守。」曰：「且未說到持守，持守甚事？須先在致知。」

可見在敬的持守以前，還須有一番「致知」的工夫。明道又說：

質美者明得盡，渣滓便渾化，卻與天地同體。其次惟在莊敬持養，及其至則一也。

無論質美與否，明得盡與否，到底在「莊敬持養」之前，先須有一段「明」的境界，才能著手持養。所以明道又說：

學在知其所有，又在養其所有。

可見「知」還在「養」的前面。這一層理論，到伊川手裏發揮格外透澈了。伊川的語錄上說：

問：「必有事焉當用敬否？」曰：「敬只是涵養一事。必有事焉，須當集義，只知用敬，不知集義，卻是都無事也。」

問：「敬義何別？」曰：「敬只是持己之道，義便知有是有非。順理而行，是為義也。若只守一個敬，不知集義，卻是都無事也。且如欲為孝，不能只守一個孝字，須是知所以為孝之道。所以奉侍當如何，溫清當如何，然後能盡孝道也。」

又說：

須是識在所行之先，譬如行路，須是光照。

未致知怎生行得？勉強行者安能持久？除非燭理明，自然樂循理。

他歸結著說：

涵養須用敬，進學則在致知。

後人把它尊爲程門的口訣。原來「知」纔是「變化氣質」上一層在先而又最重要的工夫呀！伊川曾舉一番極明透的理論。他說：

知有多少般數，煞有淺深。向親見一人曾為虎所傷，因言及虎，神色便變。旁有數人，見他說虎，非不知虎之猛可畏，然不如他說了有畏懼之色。蓋眞知虎者也。學者深知亦如此。且如膾炙，貴公子與野人莫不皆知其美；然貴人聞著，便有欲嗜膾炙之色，野人則不然。學者須是眞知。纔知得，便是泰然行將去也。

到得「泰然行將去」的時候，便已是氣質變了，可見變化氣質最要先在求知。伊川本著這個見解，來暢發明道所未及暢發的理論，這是伊川的貢獻。他曾有一件極聰明極有趣的事：

有患心疾，見物皆獅子。伊川教之以見卽直前捕執之，無物也。久之，疑疾遂愈。

其實這事也不過設法叫那患心疾的人能夠深知。只要他能深知面前無獅，他自不畏，便不必再講什麼持守與涵養。這一層意思，在明道語錄裏也曾同樣地說過。明道說：

目畏尖物；此事不得放過，須與放下。室中率置尖物，須以理勝他。尖不必刺人也，何畏之有？

「放過」與「放下」是有分別的。其分別何在呢？大概「放過」只是暫時躲閃，暫時潛隱，根底還在；「放下」則中心沒事，更無繫縛了。一個是有渣滓的，一個卻沒有。「以理勝他」，便先要深知。在室中率置尖物，便可深知尖物不必刺人。這樣才始能以理勝。若空說莊敬持守，這是沒十分益處的。譬如黑夜獨居疑心怕鬼的人，牢坐在燈下，他若只想莊敬持守，勉強叫自己不怕，或許反而會更怕；不如提著燈，徑走到黑處，看眞有鬼也無，他心便自坦然了。伊川還有一件有名的故事，他曾說：

貶涪州，渡江，中流，船幾覆，舟中人皆號哭，先生獨正襟安坐如常。已而及岸，同舟有父老問曰：「當船危時，君獨無怖色，何也？」曰：「心存誠敬爾。」父老曰：「心存誠敬固善，然不若無心。」先生欲與之言，父老徑去不顧。

這故事是說，「心存誠敬」，只是把個誠敬之心，來抵當那怕死之心，怕死之心還潛藏在誠敬之心的下面。「無心」則是深知怕也無益，因此更不怕。既無怕心，自不必再存一敬心來抵禦那怕心，那自然行所無事了。這件故事的寓意，只如此。以上所說，只是說明「致知」工夫，對於「變化氣質」的效益，或者還在「莊敬持守」之上。

明道雖亦說到「致知」，但他說話還側重在「敬」的一邊，直要到伊川才多說了些「致知」的話，但伊川也並不曾明白撇掉「敬」字。而且伊川還說：

入道莫如敬。未有能致知而不在敬者。

如此說來，二程的言論，始終是徘徊在「敬」與「致知」的兩面，似乎有一些游移不定。所以黃梨洲說：

宋人成說，言心則以知覺，而與理為二。言工夫則靜時存養，動時省察。故必敬、義夾持，明、誠兩進，而後為學問之全功。

但是任何一種學說，若在它自身包涵著兩點以上的歧趨，則此種歧趨，必會逐漸引伸擴展以至於分裂。所以二程所說「敬、義夾持」「明、誠兩進」那些話，一到南宋，便免不了形成朱、陸的分壘。朱子要人先泛觀博覽而後歸之約，是主張先從「致知」一邊下工夫的，他的格物說尤其顯見。二陸要先發明人之本心，而後使之博覽，是主張先從持守方面下工夫的。象山說：「堯舜之前何書可讀？」他的意見十分激昂。故朱以陸爲太簡，陸以朱爲支離。一個自居於「尊德性」，一個自居於「道問學」。二程學說的歧趨，到底在他們兩人手裏破裂了。

這又是宋儒在方法論一面沒有解決的一個大問題。我們若明白了宋學裏面所留下的幾個重要而未決的問題，便更易知道將來陽明學的貢獻和意義。

明學的一般趨嚮和在王學以前及同時幾個有關係的學者

任何一家學說，無論他怎樣地偉大，怎樣地創闢，他終免不了時代的色澤，擺不脫共同潮流的趨勢。在他稍前或同時的幾個學者，到底要對他有一些沾染和影響。我在這一章裏，預備簡約地講些明學的一般趨嚮，和在王學以前及同時幾個有關係的學者，來做講述王學第二番的引端。

明學的一般傾向，最顯著的，是他們的「重行」而「輕知」。宋儒本來已是看重修養方法，勝過一切的智慧的了；而這一種風尚，到明代尤見極端。他們愛切實，愛單純；他們只拘拘在一身的言動舉止，進而及於內心的情感和靜躁的態度；他們的精神興趣，似乎只盡於此。他們只講一身一心，其他宇宙之大，民物之繁，好似不大理會到。這是明學一個最重要的趨嚮，隨便翻那一家的語錄，便可見得。

第二是他們的「一元論」的傾向。只爲他們愛切實，愛單純，重行而不重知，所以他們講學，也只求得一個把柄。有了這一個把柄，便有依靠，有歸宿。譬如泛舟大海，只求牢把著一面舵；至於天上的風雲，海底的魚龍，那舟師也實在無心顧及。講求智慧，要錯綜，要複雜，要忍耐，勿急迫地求結果，要會疑，要懸而不斷地審慎，這些都不合看重行爲的人的脾胃。要行爲著實而有力量，只求單純的理論，明顯的目標，打歸一路，勿生旁歧。所以明儒講學，不期然而然的都愛一個一元論的到達。

第三是他們一種「折衷融會」的學風。只爲他們愛單純，愛切實，不願做一種繁瑣分析的思考，不願引伸推論而沒有可把捉的結果。他們耐不得疑辨紛紜，而捺住自己的身心，不向一明確的目標做工夫。他們不願像兒戲地運用他們的智慧。他們遇到各種樣的思想和理論，只勉力地把來折衷融會到自己的把柄上去，免得再搖撼他的信心，阻滯他的行爲。這一種趨嚮，也是極自然的。

第四是他們的「各立宗旨」，「互爭門戶」。這一點似乎與上述三條微有不同，其實也是一貫而來。他們因爲愛切實，愛單純，愛有把捉，愛成一套一元的理論；而他們究竟是性氣不同，環境不同，智慧的深淺廣狹不同，學問從入的門徑不同，啟悟感發的機會不同，因種種的不同，而他們各自的把柄，也便無從而同。他們各依靠著自己的把柄，便不免與他人相違爭，便造成各立宗旨互爭門戶的風氣。

以上簡略地述說一些明儒的學風，下面再說幾個王學的前輩，及和他同時的學侶。

一　吳康齋

吳康齋是胡敬齋、婁一齋、陳白沙的先生。白沙與陽明，是明學的兩大宗。梨洲說：

有明之學，至白沙始入精微，至陽明而後大，兩先生之學最為相近。

陽明又從婁一齋問學，一齋爲姚江學之發端，則康齋之與姚江，其間關係自非泛泛。

統觀康齋爲學，於窮理致知，似非所重，他只在實踐躬行上用力。嘗歎箋註之繁，無益有害，故不輕著述，章袞謂其日錄，「爲一人之史，皆自言己事；非若他人以己意附成說，以成說附己意，泛言廣論者比。」卽此一點，已可參透康齋與陽明的消息。陽明學風，要人擺脫文字言說，反向自身自心上來，這一點可說與康齋極近。

康齋最努力的，是「變化氣質」的一事。他在日錄上記著說：

與弼氣質偏於剛忿，年二十，方始覺之，欲下克之之功，其如鹵莽滅裂何？十五六年之間，猖狂自恣，良心一發，憤恨無所容身。去冬今春，用功甚力，而日用之間覺得愈加辛苦，疑下愚終不可以希聖賢之萬一。五六月來，覺氣象漸好，於是益加苦功，逐日有進，心氣稍稍和平。雖時當逆境，不免少動於中，尋卽排遣，而終無大害也。二十日，又一逆事排遣不下，心愈不悅。蓋平日但制而不行，未有拔去病根之意。反復觀之，而後知吾近日之病，在於欲得心氣和平，而惡夫外物之逆以害吾中，此非也。心本太虛，七情不可有所放。物之相接，甘辛鹹苦萬有不齊，而我惡其逆我者可乎？但當於萬有不齊之中，詳審其理以應之，則善矣。於是中心灑然。蓋制而不行者硬苦，以理處之則順暢。懼學之不繼，故特書於册。

觀此一節，可見康齋學派，確還是宋儒矩矱。宋儒所講「變化氣質」，本只是在自己喜怒哀樂上打熬做工夫。有名的明道定性書說著：

有意於絶外誘，而不知性之無内外。夫天地之常，以其心普萬物而無心；聖人之常，以其情順萬物而無情。故君子之學，莫若廓然而大公，物來而順應。與其非外而是內，何若內、外之兩忘？兩忘則澄然無事，無事則定，定則明，明則尚何應物之為累哉？聖人之喜，以物之當喜，聖人之怒，以物之當怒，是聖人之喜怒，不繫於心而繫於物也。是則聖人豈不應於物哉？烏得以從外者為非，而更求在内者為是？

這是一篇極漂亮極通透的議論。康齋說的「心本太虛，七情不可有所放」，便是悟到明道這一邊來了。可是康齋既知惡外物之非，而接著要從外物上詳審其理以爲應付，豈不是伊川「致知」、晦菴「格物窮理」的一套，又須加上？明道要以：

有為為應迹，明覺為自然。（亦定性書中語。）

說來太容易，非絕頂聰明人，那能如此？除非一切不顧，猖狂妄行，轉像有幾分相似，然而這是似是而非，不可爲訓的。所以伊川禁不住要說：「只知用敬，不知集義，卻是都無事。」這便是說：人不能窮理致知，單只牢守此心，不免空空洞洞，中無一物，外面事來，仍不能因應恰當的。究竟明道所說「澄然無事則定，定則明，明則應物不足爲累」，是不是眞個能有的境界，抑還是明道隨便說了來裝門面做好看的呢？這是宋儒未決的問題，在上節裏已經約略說過。只因康齋不過是一位篤實踐履的君子，對此難關，尚未覷破；直到陳白沙，纔又重新感到這一個問題的困難。

二 陳白沙

白沙從學康齋之門，明儒學案上有這樣的一段記載：

陳白沙自廣來學，晨光纔辨，先生手自簸穀，白沙未起，先生大聲曰：「秀才，若為懶惰，即他日何從到伊川門下，又何從到孟子門下？」

但是白沙是一個高明一路的人物，對康齋篤實一路，究竟不能滿意。所以後來白沙自敍學問所得，並不關及康齋。他說：

僕年二十七，始發憤從吳聘君學。其於古聖賢垂訓之書，蓋無所不講，然未知入處。比歸白沙，杜門不出，專求所以用力之方。既無師友指引，惟日靠書册尋之，忘寐忘食，如是者亦累年，而卒未得焉。所謂未得，謂吾此心與此理未有湊泊脗合處也。於是舍彼之繁，求吾之約，惟在靜坐。久之，然後見吾此心之體，隱然呈露，常若有物。日用間種種應酬，隨吾所欲，如馬之御銜勒也。體認物理，稽諸聖訓，各有頭緒來歷，如水之有源委也。於是涣然自信曰：「作聖之功，其在兹乎？」

這一段話裏，有幾點極可注意的地方。第一是他說「未知入處」，與「專求所以用力之方」，可見當時學者，用心所在，全不管外面天地民物，也不理會種種智慧思想，卻一意向自身自心吃緊，這是宋、明理學一條血路，愈後愈顯。第二是他說「此心此理未有湊泊，便是無所得」，這一層最是宋儒未決的難關，現在白沙是感到了。心是屬於我的，理是屬於外的，這二者間究竟如何湊泊合一？這實在是宋明儒學一大問題。第三是他從靜坐中認識自己心體，把來做把柄，他認爲如此然後可以體物理，稽聖訓，應酬日用，纔有一個原委，有一個銜勒。所以他說：

為學須從靜坐中養出個端倪來，方可商量處。

他又說：

終日乾乾，只是收拾此理而已。此理干涉至大，無內外，無終始，無一處不到，無一息不運。會此則天地我立，萬化我出，而宇宙在我矣。得此欛柄入手，更有何事？往古來今，四方上下，都一齊穿紐，一齊收拾。

原來照白沙意思，那往古來今，四方上下，格不盡的物，窮不透的理，只歸結在一個欛柄上。只要那個欛柄到手，便宇宙物理，統已收拾乾淨，盡歸我有，豈不直捷？豈不爽快？至於何謂端倪，何謂欛柄，自然所指的只是上面所說的「此心之體」了。「此心之體」的面目是若何的呢？白沙又有一段說話講著：

人心上容留一物不得，纔著一物則有礙。且如功業要做，固是美事；若心心念念只在功業上，此心便不廣大，便是有累之心。是以聖賢之心，廓然若無，感而遂應，不感則不應。又不特聖賢如此，人心本來體段皆一般。只要養之以靜，便自開大。

這一番說話，還只走了明道的老路。他也只謂：「此心存久自明」，「澄然無事則定，定則明」，「只要心中無事，自然能循理」。他只講「感而遂應」，不講如何能應得恰當，恐怕仍逃不出伊川「只知用敬，不知集義，卻是都無事」的批評。所以到他的學生湛甘泉手裏，又特別側重於「隨處體認天理」的口號來。

三　湛甘泉

甘泉已和陽明同時，梨洲說：

王、湛兩家，各立宗旨，湛氏門人雖不及王氏之盛，然當時學於湛者或卒業於王，學於王者或卒業於湛，亦猶朱、陸之門下，遞相出入也。

又云：

> 先生與陽明分主教事，陽明宗旨致良知，先生宗旨隨處體認天理，學者遂以各立門戶。

可見他和陽明儼處敵對的地位。他反對陽明格物說，謂其有四不可。大意謂陽明：

> 訓格為正，訓物為念頭之發，「格物」猶云「正念頭」。則念頭之正否，亦未可據。如釋、老之虛無，則曰應無所住而生其心，無諸相，無根塵，亦自以為正矣；楊、墨之時，皆以為聖矣，豈自以為不正而安之？以其無學問之功，而不知所謂正者乃邪而不自知也。其所自謂聖，乃流於禽獸也。論學之最始者，說命則曰：「學於古訓乃有獲。」周書則曰：「學古入官。」若徒正念頭，則孔子止曰「德之不修」可矣，而又曰「學之不講」；止曰「默而識之」可矣，而又曰「學而不厭」，又曰「信而好古敏求」者何耶？所講、所學、所好、所求者何耶？

他的議論，完全和伊川、晦翁格物窮理讀書學古的見解一致。他又說：

> 人心以天地萬物為體，心體物而不遺，認得心體廣大，則物不能外，故格物非在外也。

陽明與我看心不同。吾之所謂心者，體萬物而不遺者也，故無內外；陽明之所謂心者，指腔子裏而為言者也，故以吾之說為外。

其實甘泉此種議論，只是朱子大學格物補傳的贅文。所以梨洲批評他說：

先生以為心體萬物而不遺，陽明但指腔子裏以為心，故有是內而非外之誚。然天地萬物之理，不外於腔子裏，故見心之廣大。若以天地萬物之理，卽吾心之理，求之天地萬物以為廣大，則先生仍為舊說所拘也。

一個說天地萬物之理卽吾心之理，和一個說吾心之理卽天地萬物之理，看似一樣，實有極大的歧趨，這本是朱、陸兩家的老爭點。照甘泉議論，好像應歸列於朱子一路；但他有時又自己含混了，因他受白沙影響太深，所以他又不自覺地會轉側到惟心的傾向之一邊來。他說：

天理二字，人人固有，非由外鑠。途人之心卽禹心，卽堯、舜之心，總是一心。蓋天地一而已矣，天地古今宇宙內，只同此一個心，豈有二乎？初學之與聖人，同此心，同此一個天理，雖欲強無之不得。不知不覺萌動出來，遏他又遏不得。有時志不立，習心蔽障，又忽不見了，此時節蓋心不存故也。心若存時，自爾見前。

這一段話，便和明道、象山爲近，顯見是白沙的傳統了。他又說：

> 這個天理眞主未嘗亡，特為賊所蔽惑耳。觀其時或發見，可知矣。體認天理，則眞主常在，而賊自退聽；不是外邊旋尋討主入室來，又不是逐出賊使主可復也。只頃刻一念正，卽主翁便惺惺，便不為賊惑耳。二者常相為消長。

這竟卽是陽明「正念頭」的說法了。他說「體認天理」，到底還說到體認心的一面，到底還是個明覺自然；並不能像朱子所說要「眾物之表裏精粗無不到，而後吾心之全體大用無不明」。他到底還擺脫不掉白沙的籠罩。而且他很多地方，明顯地表現著襲取陽明的話頭。他語錄裏說：

> 先生之教，惟立志、煎銷習心、體認天理之三言，最為切要；然亦只是一事。立志者立乎此而已；體認是工夫，以求得乎此者；煎銷習心，以去其害此者。心只是一個好心，本來天理完完全全，不待外求，顧人立志與否耳。志如草木之根，具生意也。體認天理如培灌此根，煎銷習心如去草以護此根，貫通只是一事。

這裏面只須將「體認天理」四字改成「致良知」三字，便完全是陽明的說話。其實此處所謂「體認天理」，也簡直和「致良知」無大出入。如此則湛、王兩家的畛域，似乎儘可泯化；而甘泉定要提出「體認天理」的話頭來和王學樹異，這或者也是當時學者好立宗旨爭門戶的習氣罷？但是在甘泉學說的本身內部說來，究竟「體認天理」應該從格物窮理下手呢？還是應該從存心立志入門？這卻是一個絕大的問題，這一問題是從二程、朱、陸以來所沒有解決的。甘泉算是認到了此問題，但也還沒有解決的方案，只想含糊地把他打併歸一，只在幾個字面上和幾句語言上，把它們湊合了，實在也不濟事。他語錄上有一條說：

一友語經哲曰：「須無事時，敬以直內，遇有事方能義以方外。」經哲曰：「恐分不得有事無事。聖人心事，內直則外自方，學者義以方外事，亦是做敬以直內工夫。纔見得心事合一也。」「先生隨處體認天理之訓，盡此二句之意，便見打透明白，不知是否？」先生曰：「隨處體認天理，兼此二句包了，便是合內外之道。敬以包乎義，義以存乎敬，分明不是兩事。先儒未嘗說破，予一向合看如此。見得遺書中謂釋氏敬以直內則有之，義以方外則無有，決非程子語也。吾子看到此難得。」

他想把「隨處體認天理」一語，來融通「敬以直內，義以方外」的兩面，他卻沒有確定天理的本身，究竟在物呢？還是在心？「體認天理」的方法，還是重在格物呢？還是重在存心？單唱著合內外的高調，是沒用的。甘泉的見解，似乎還欠眞切，所以他的言論，模棱鶻突，搔摸不到人的痛癢。

四　羅整庵

和湛、王同時還有一位羅整庵，他遵守著程朱，反對陸象山、楊慈湖，對白沙也屢有批評。他說：

所謂理一者，須就分殊上見得來，方是眞切。陳白沙謂林緝熙曰：「斯理無一處不到，無一息不運，得此欛柄入手，更有何事？」其說甚詳，末乃云：「自兹以往，更有分殊處，合要理會。」夫猶未嘗理會分殊，而先已得此欛柄，愚恐其未免於籠統顢頇也。況其理會分殊工夫，求之所以自學，所以教人，皆無實事可見。湛元明為改葬墓碑，幷「合要理會」一句亦不用，其平日之心傳口授，必有在矣。

又云：

以良知為天理，則易簡在先，工夫居後，後則可緩；白沙所謂「得此欛柄入手，更有何事，自玆以往，但有分殊處，合要理會」是也。謂天理非良知，則易簡居後，工夫在先，先則當急；所謂「果能此道矣，雖愚必明，雖柔必強」是也。

他批評白沙、甘泉如此，其對於陽明的意見可知。在整庵看來，甘泉、陽明固是一路上的人物。他反對陽明的格物說，也正要從分殊上見理一，從工夫後得易簡。「以良知爲天理」，也正是說的陽明。但細看整庵自己的主張，又不能貫徹他從分殊見理一的精神。他說：

喜怒哀樂之未發謂之中，子思此言，所以開示後學，最為深切。李延平教人須於靜中體認大本未發時氣象分明，卽處事應物自然中節。李之此指，蓋得之羅豫章，羅得之楊龜山。楊乃程門高第，其傳固有自來矣。程伯子嘗言：「學者先須識仁，識得此理，以誠敬存之而已。」叔子亦言：「勿忘勿助長，卽是養氣之法。如不識，怎生養，有物始言養，無物又養個甚？」由是觀之，則未發之中，安可無體認工夫？學者於未發之中，誠有體認工夫，灼見其直上直下，眞如一物之在吾目，斯可謂之知性也矣。

這一番話究竟何異於陳白沙之欛柄在手？又何異於先得理一再會分殊？整庵極辨朱子理、氣爲二之非，但他自己又說心、性爲二。黃梨洲批評他說：

> 先生之論理氣，最為精確；第先生之論心性，頗與其論理氣自相矛盾。夫在天為氣者在人為心，在天為理者在人為性。理氣如是，則心性亦如是，決無異同。人受天之氣以生，祇有一心而已；而一動一靜，喜怒哀樂，循環無已。當惻隱處自惻隱，當羞惡處自羞惡，千頭萬緒，感應紛紜，歷然不能昧者，是卽所謂性也。初非別有一物，立於心之先，附於心之中也。先生以為天性正於受生之初，明覺發於既生之後，明覺是心而非性。信如斯言，則性體也，心用也；性是人生以上，靜也，心是感物而動，動也；性是天地萬物之理，公也，心是一己所有，私也；明明先立一性，以為此心之主，卽理能生氣之說無異，於先生理氣之論，無乃大悖乎？

此論極精密。整庵如見及此，便不反對陽明以良知爲天理矣。整庵論理、氣是一元，而論心、性卻仍是二元，所以他講工夫，也還在存養、省察的兩邊徘徊著，仍只落了「敬、義夾持」「明、誠兩進」的窠臼。他說：

存養是學者終身事，但知既至與知未至時，意味迥然不同。知未至時存養，非十分用意不可；知既至時存養，即不須大段著力。然為學之初，非有平日存養之功，心官不曠，則知亦無由而至，朱子所謂誠明兩進者以此。大抵存養是思主，省察乃輔佐也。

這還到底捨不得大程的「以誠敬存之」一語，不能奮勇地去做格物的工夫。病根還在天下之物難於盡格，分殊既難見得，理一無從理會。此心與物理，急要求個湊泊，急要證到天地萬物之與我一體。所以雖說格物，還只不得不存心。仍然沒有解決兩宋諸儒傳下的那兩個難決的問題。

上面約略講了幾個陽明的前輩和同時的學者，可見當時學術界所要努力的方向，及他們所遭逢的阻難，確還自北宋以來諸儒走著的老路。到陽明手裏，看他如何斬伐荊榛，開闢險阻，這是下面的文字所要述說的。

陽明成學前的一番經歷

王學的醞釀，已在前兩節裏約略點明。現在續講陽明成學前的一番經歷，可以對於王學的來歷，格外明白些。

陽明是一個多方面有趣味的人，在他內心，充滿著一種不可言喻的熱烈的追求，一毫不放鬆地往前趕著。他像有一種不可抑遏的自我擴展的理想，憧憬在他的內心深處，隱隱地驅策他奮發努力。他似乎是精力過賸，而一時沒有找到發洩的出路。他一方極執著，一方又極跳動，遂以形成他早年期的生活。

他幼年讀書，嘗問塾師：「何爲第一等事？」在他嫩弱的腦筋裏，已有了做世上第一等事的誇大的野心，鼓舞著他的前途，使他不肯安於卑近，而狂放地做他自認爲超俗拔羣的事業。而且他的家世和精神上、物質上的供給，也足以容許他那樣地狂放。他那時纔是十二歲的年齡，他隨著他父親、祖父遠宦京師，是一個詩禮家庭的寵兒。

他在十五歲那年，已慨然有經略四方之志，曾出塞逐胡兒騎射，深慕著功績和豪傑的行徑。

十七歲在江西結婚。正在婚期那天，他走進一道院，見一道士趺坐，陽明因他自己不可羈束的好奇心和浪漫的情趣，便叩問那道士養生之理，隨卽試著和道士對坐；又因他那副執著認眞的性情，竟至一坐忘歸，直到次晨，纔爲他的外舅覓還。

十八歲挈著新婦回越。途中謁婁一齋，一齋告訴他宋儒格物之學，他便認爲聖人必可學而至，深契其說。其實當時他對婁一齋的景慕，恐怕也不過如其對鐵柱宮道士的信仰一樣，他只是高興，只覺得是有興趣，他只是不肯安於卑近，要做一個超俗拔羣的第一等人和第一等事。

二十一歲在京師，他奮發地要實做格物工夫。他和他的一位朋友很高興地依照朱子大學格物補傳的意見，來試格庭前的竹子。他那位朋友格了三天，病了，他自己來格，格了七天，他自己也病了。那庭前竹子的理，一毫也沒有格通。他爽然自失地歎著，他想聖賢有分，非他所能及，他於是不想做聖賢了，他轉換他的興趣來研究辭章文學。他那又執著又跳脫的性情，使他經營到多方面的生活。

二十六歲感於邊警，留心武事，讀盡了兵家秘書。

二十七歲，他又厭倦了，他覺得辭章藝能不足饜其野心，所遇師友又不足滿其想望。心裏壯熱的火，把自己的血液煎燒著。他感覺到煩悶無聊，他於是終於病了。他又轉換他的精神來談養生，有遺世入山之意。

二十八、二十九、三十歲，他在政界混了一陣，低瑣的職務，不足暢豁他內部的沉鬱。

三十一歲告病歸越，實習導引術。在靜久的環境裏，把他歷年壯熱的感情，洗伐淨盡，他只思離世遠去。他的性癖只是愛認眞、愛執著；要出世，便也認眞地求出世。在當時，他只有祖母和父親還在他念上，一時放不下；他忽而一旦悟了，他說：「此念生自孩提，此念可去，是斷滅種性矣。」明年，他又轉換他的精力，再想用世活躍。只因他愛認眞、愛執著的一念，又把他跳動，又從靜境裏拔回來，再跳到入世的一邊。他的性情和生活，到處是執著，到處是跳脫。

三十三歲又入政界。三十四歲，和湛甘泉倡明聖道，授徒講學，一時目爲立異好名。其實他還是狂放的本色，他還是浪漫地不受羈制，他還只是愛做世上第一等人和第一等事，他到底不肯安於卑近。在那時，他雖對於聖學，未有深切的自信，他雖還沒有到成學的時期；但他早已岸然肩著傳播聖學的牌子，高唱入雲。其實正和他在越中山裏靜坐求出世時，抱著一樣的心境，一樣的精神。

三十五歲謫龍場驛。他那內部鬱積的活力，終於要發洩了，終於要爆裂了，終於不能久藏，終於不能深埋了。他內心沸騰著豪傑的熱血，鼓舞著神仙的想望，崇拜著聖賢的尊嚴。他自己按捺不住，觸機卽發。他看到朝廷閹宦柄政，直士遇禍，他從內心深處，湧出一股義憤來抗疏相救。於是下詔獄，廷杖四十，死而復甦，還謫貴州的龍場驛，當一個小小的驛丞。這樣一種生活上的劇變，對他神經的刺戟，是何等地深刻呀！他譬如蘊蓄著很深很厚的風寒，一旦發作，壯寒壯熱，大病一場。單靠他一副堅強的筋骨和篤實的體魄，到底九死一生，恢復了他的健康。待他掙扎了那一陣，他身內以前所蘊蓄著的風寒，卻發洩透了，大病初癒，卻反而見得格外的精神，格外的氣力。這一事在他生活上，是最重要的一個轉換，他漸漸地在其中，得到他以後的新活力和新生命。

三十六歲赴謫至錢塘。他的仇人權閹，還暗地遣著刺客尾隨他後面，幸他警覺地逃免了。他想求保全他生命的計畫，圖謀遠遁；但又顧慮到他家庭的安全，使他不得不擔心受怕地依然熬著萬險遠赴謫地。他在途中有壁間題詩說：

險夷原不滯胸中，何異浮雲過太空？夜靜海濤三萬里，月明飛錫下天風。

他在極躊躇的境地，吐說出極超脫的話；他在極困阨的時候，發越出極自在的情態。他只在自己內心深處奮鬥著，在外面，卻表露著他一貫的人格，他還是倔強，還是高興。

三十七歲在貴陽，他在那年春天到達龍場驛。龍場在貴州西北萬山叢棘中，蛇虺魍魎，蠱毒瘴癘。夷人鴃舌，無可與語。此外略有些中土亡命。又無居室。陽明到了，纔教他們範土架木以居。那時仇閹懷恨未已，他還要提防刺客忽然來到。他自計一切世間得失榮辱，到此境地，眞是無從道起，只有逼得他一一超脫。他那種險惡的處境，正是幫他超脫一切的大助力。可是他還有生死一念，一時未能淨化。他雖能一切不顧，但他還不能不怕一死。這又如何辦呢？於是他做一石槨，以俟命自誓，日夜端居靜默，求把他那怕死之心也一併化了，好讓他自己內心得個安靜。久之，他覺得胸中灑灑，漸次的空了，連怕死的一念也沒有了。然而他的從者，不能像他一樣地超脫，他們抵抗不住那險惡環境的壓迫，內心不能灑然，終於他們都病了。於是陽明只得親自析薪取水，作糜爲飼，反來服侍他們。又恐他們胸懷抑鬱，病不得去，特意爲他們唱詩取悅；又吟著越地故鄉的俚曲山歌，雜以詼笑，刻意地帶他們做娛樂。他實在不能脫離他那險惡的環境，他那疾病夷狄患難的環境，他只求把此險惡的環境，疾病夷狄患難的環境，從他內心裏忘了，不要來擾動他的心。他還只是倔強，還只是高興，不甘降服，不甘消沮，他究竟還忘不了他歷來那做世間第一等人和第一等事的豪情壯志。他在這樣非人所堪的環境裏，他卻自己問著自己，倘使叫聖人來處此境，他還有何法呢？他在這樣抑塞沉鬱的當兒，忽而中夜大悟，在寤寐中好像有什麼人告訴他似的，呼躍而起，時從者皆驚。他卻從此發明了他的「格物致知」的新學說。

這以上是陽明成學前一番經歷的大概。原來王學的萌芽，他所倡良知學說的根柢，是有生命的，有活力的，是那樣地執著，那樣地跳脫，從多方面的興趣、很複雜的經驗中流變而來的。他有熱烈的追求，有強固的抵抗，他從懇切的慕戀裏，轉換到冷靜的洗伐，又從冷靜的洗伐裏，轉換到懇切的慕戀。他狂放地奔逐，他澈悟地捨棄。他既沉溺，又灑脫。他所認識的「良知」，決不是一件現成的東西，也不是平易簡單的把戲，更不是空疏無著落的一句話。要研究王學的人，不要忘了他成學前的那一番經歷。他說「立志」，說「誠意」，說「事上磨鍊」，說「知行合一」，說「易簡」，說「眞切」，凡他說的一切，我們要把他自己成學前的種種經歷來爲它下注釋。若忘了他的實際生活，空來聽他的說話，將永不會瞭解他說話的眞義。若空聽了他的說話，又忘了你自己當身的實際生活，那便更不會瞭解他說話的一番眞義所在了。

王學的三變

陽明在龍場驛，打熬著千險萬苦，發明他「良知」的學說，這其間還有幾次的變化。黃梨洲說：

先生之學，始氾濫於詞章，繼而徧讀考亭之書，循序格物；顧物理、吾心，終判為二，無所得入。於是出入於佛、老者久之。及至居夷處困，動心忍性，因念聖人處此，更有何道？忽悟「格物致知」之旨，聖人之道，吾性自足，不假外求。其學凡三變而始得其門。自此以後，盡去枝葉，一意本原，以默坐澄心為學的，有未發之中，始能有發而中節之和，視聽言動，大率以收斂為主，發散是不得已。江右以後，專提「致良知」三字，默不假坐，心不待澄，不習不慮，出之自有天則。蓋良知卽是「未發之中」，此知之前更無未發。良知卽是「中節之和」，此知之後更無已發。此知自能收斂，不須更主於收斂。此知自能發散，不須更期於發散。收斂者，感之體，靜而動也。發散者，寂之用，動而靜也。知之眞切篤實處卽是行，行之明覺精察處卽是知，無有二也。居越以後，所操益熟，所得益化，時時知是知非，時時無是無非。開口卽得本心，更無假借湊泊，如赤日當空，而萬象畢照。是學成之後，又有此三變也。

現在再按著年譜，根據梨洲所說排比如次：

三十八歲在貴陽，始論「知行合一」。

三十九歲在吉，他自龍場歸途，語學者悟入之功。他說：

前在貴陽，舉知行合一之教，紛紛異同，罔知所入。玆來乃與諸生靜坐僧寺，使自悟性體，顧恍恍若有可卽。

他又在途中寫給門人書說：

前在寺中所云靜坐事，非欲坐禪入定也；蓋因吾輩平日為事物紛挐，未知為己，欲以此補小學「收放心」一段功夫耳。

是年冬到南京，與黃綰論聖學云：

學者欲為聖人，必須廓清心體，使纖翳不留，眞性始見，方有操持涵養之地。

黃綰疑其難，先生又說：

聖人之心如明鏡，纖翳自無所容，自不消磨刮。若常人之心如斑垢駁蝕之鏡，須痛刮磨一番，盡去駁蝕；然後纖塵卽見，纔拂便去，亦不消費力，到此已是識得仁體矣。若駁蝕未去，其間固自有一點明處，塵埃之落，固亦見得，纔拂便去。至於堆積於駁蝕之上，終弗之能見也。此學、利、困、勉之所由異，幸勿以為難而疑之。

這是梨洲所說陽明學成後的第一變，他主張以收斂爲主，發散是不得已。必須如此用功，纔見得自己良知本體。傳習錄上有一條陽明與陸澄的問答說：

澄問：「中字之義。」

曰：「此須自心體認出來，非言語所能喻，中只是天理。」

曰：「何者為天理？」

曰：「去得人欲，便識天理。」

曰：「天理何以謂之中？」

曰：「無所偏倚。」

曰：「無所偏倚，是何等氣象？」

曰：「如明鏡然，全體瑩徹，略無纖塵染著。」

曰：「偏倚是有所染著，如著在好色、好利、好名等項上，方見得偏倚；若未發時，美色名利皆未相著，何以便知其有所偏倚？」

曰：「雖未相著，然平日好色、好利、好名之心原未嘗無；既未嘗無，卽謂之有；既謂之有，則亦不可謂無偏倚。譬之病瘧之人，雖有時不發，而病根原不曾除，則亦不得謂之無病之人矣。須是平日好色、好利、好名等項一應私心，掃除蕩滌，無復纖毫留滯；而此心全體廓然，純是天理；方可謂之喜怒哀樂未發之中，方是天下之大本。」

此番問答全是說的心上功夫，要蕩滌掃除，要無染著，無偏倚，要此心廓然，毫無留滯；這些話，本也是北宋以來相傳「變化氣質」的眞功夫，也可說是宋明理學的眞血脈。可見陽明只是宋學傳統裏一個克家的肖子，並不曾變換了祖宗的家風。若非從此功夫出頭，便認不得眞良知，瞭解不得眞陽明，也配不上講究理學的眞意義。

四十二歲至滁州，自此從遊遂眾。孟源問靜坐中思慮紛雜，不能強禁絕。先生說：

紛雜思慮，亦強禁絶不得；只就思慮萌動處省察克治，到天理精明後，有個物各付物的意思，自然精專無紛雜之念，大學所謂「知止而後有定」也。

四十三歲至南京。客有道自滁游學之士，多放言高論，亦有漸背師教者。先生云：

吾年來欲懲末俗之卑汚，引接學者，多就高明一路，以救時弊；今見學者漸有流入空虛，為脱落新奇之論，吾已悔之矣。

年譜說陽明南畿論學，只教學者「存天理，去人欲，爲省察克治實功」。這是陽明指點接引的轉變處。他懲末俗卑汚，要教人蕩滌掃除，無染著，無留滯，教人自識性體，因此走了高明一路；但有些學者從此流入空虛脫落，故又改就篤實踐履，教人做省察克治的工夫。傳習錄上有陸澄所記一段說：

一日論為學工夫。先生曰：「教人為學，不可執一偏。初學時，心猿意馬，拴縛不定，其所思慮，多是人欲一邊。故且教之靜坐，息思慮。久之，俟其心意稍定，只懸空靜守如槁木死灰，亦無用，須教他省察克治。察省克治之功，則無時而可間，如去盜賊，須有個掃除廓清之意。

無事時將好色、好貨、好名等私，逐一追究搜尋出來，定要拔去病根，永不復起，方始為快。常如貓之捕鼠，一眼看著，一耳聽著，纔有一念萌動，卽與克去。斬釘截鐵，不可姑容，與他方便。不可窩藏，不可放他出路。方是眞實用功，方能掃除廓清。到得無私可克，自有端拱時在。」

從此條看，可見「省察克治」，也只是「掃除廓清」的工夫。陽明當時，還只是講了一個「去人欲，存天理」，還只是講了一個「變化氣質」，還只是講了一個「靜存動察」，他還只是確遵著北宋以來的大傳統，確做了理學界的克家肖子；他何嘗舉起叛旗，打著革命的號子，來推翻前人成說呢？他只對是朱非陸的成案，稍稍有些平反的見解，一部分人便說他違反朱子，又一部分人又說他依歸象山。門戶之見，眞是無從排解；但只要從源頭上看來，便知門戶爭持，實在是無謂。

自四十六歲以後，陽明立了許多奇功偉績，尤其是討平宸濠之變的一役。不意朝廷一輩讒臣張忠、許泰等卻說王守仁定要造反，因此險遭不測。這是陽明在龍場驛以後的第二番磨折，動心忍性，在他內心深處又增長無窮的契悟。

五十歲在江西，始揭「致良知」之教。年譜說他自經宸濠、忠、泰之變，益信良知眞足以忘患難，出生死。乃遺書鄒守益，說：

近來信得「致良知」三字，眞聖門正法眼藏。往日尚疑未盡，今日多事以來，只此良知，無不具足。譬之操舟得舵，平瀾淺瀨，無不如意，雖遇顚風逆浪，舵柄在手，可免沉溺之患矣。

陽明又說：

某於此良知之說，從百死千難中得來，不得已與人一口說盡，只恐學者得之，容易把作一種光景玩弄，不實落用功，負此知耳。

年譜又說：

先生自南都以來，凡示學者，皆令「存天理，去人欲」以為本。有問所謂，則令自求之，未嘗指「天理」為何如也。間語友人曰：「近欲發揮此，只覺有一言發不出，津津然如含諸口，莫能相度。」久乃曰：「近覺得此學更無有，他只是這些子，了此更無餘矣。」旁有健羨不已者，則又曰：「連這些子亦無放處。」今經變後，始有良知之說。

這是梨洲所說陽明學成後的第二變，在此時期，始專提「致良知」。在第一期裏，陽明說教，還只借用前人話頭來證述他自己的經驗，到現在，始有他自創的宗旨，自鑄的話柄，卓然成一家言。宸濠、忠、泰之變，和龍場驛的貶謫，在王學的歷程裏，眞好說是後先輝映。無怪陽明要說他的良知之說是從百死千難中得來了。

陽明本是一個豪情壯志狂放不羈的人。他有磅礴的才氣，有卓越的理想。他充沛的活力，正苦發洩不盡。他性格又執著，又跳動，又沉溺，又徹悟。龍場驛一幕，摧抑束縛，極風霜之嚴凝，雖還保存得他那種噴薄鬱勃的活氣，卻不得不轉換方向，使它歛藏閉蓄，反歸自心；那時的他，纔深刻而眞切地認識了他自己的心與心之力。現在，緊隨著他一番驚天動地的事業的後面，危疑震撼，傾讒遏抑，又受到更甚的打擊。若從功業名位看來，這時的陽明，自然遠勝於龍場驛丞的時代。但若注意到他心理上的難受，身名的不易處，卻較龍場驛以石槨自誓時的情形，遠爲複雜，更爲困難。陽明經受了此第二番的摧抑，他還能保存他那種噴薄鬱勃的活氣，不消沮，不退轉，卻不得不使他的認識更深刻，更眞切地反歸到他自己內心更深的一層。使他解悟得伸展自己無限的意志，發揚自己無限的感情，運使自己無限的智慧之所在，一切不在外界，而卻在他自己之一心。他遂終於進一步的認識了他之所謂良知，而直呼著「致良知」口號，來指點學者與世人。凡陽明說的「立志」、「誠意」、「事上磨練」等等的話，都要在此機關上看；陽明說的「致良知」，也只是如此。

陽明五十歲以後便歸越，年譜在他五十二歲上有如下的記載：

鄒守益、薛侃、王艮等侍，因言謗議日熾。先生曰：「諸君且言其故。」有言先生勢位隆盛，是以忌嫉謗；有言先生學日明，為宋儒爭異同，則以學術謗；有言天下從遊者眾，與其進不與其退，又以身謗。先生曰：「三言者，誠皆有之，特吾自知，諸君論未及耳。」請問，曰：「吾自南京以前，尚有鄉愿意思；在今只信良知，眞是眞非處，更無揜藏迴護，總做得狂者。使天下盡說我行不揜言，吾亦只依良知行。」

陽明與黃宗賢書又說：

近與尚謙等講孟子「鄉愿狂狷」章，頗覺有所警發。（按卽指前一節事。）四方朋友來去，中間不無切磋砥礪之益；但眞有力量能擔荷得者亦自少見。大抵近世學者，無有必為聖人之志，胸中有物未得清脫耳。

他與鄒尚謙書又說：

謂自咎罪疾，只緣「輕傲」二字，足知用力懇切。但知輕傲處，便是「良知」，致此良知，除卻輕傲，便是「格物」。得「致知」二字，千古人品高下眞僞，一齊覷破，毫髮不容揜藏，前所論鄉愿，可熟味也。

陽明本是狂放一路人，他所受外世摧抑愈烈，他內心狂放的程度，卻也隨而愈高。他起始主收斂，講蕩滌掃除，有近於狷。胸中有物，未得淸脫，便够不上做一狷者，便也够不上做一狂者。從狂、狷兩字裏可以參透良知消息，可以明得陽明爲人。鄉愿只是媚世，只是擺不掉末俗卑汚，因此也見不到良知眞體。

五十三歲在越，中秋宴門人於天泉橋。明日，諸生入謝，陽明有一番告誡他們的話說：

昔者孔子在陳，思魯之狂士。世之學者，沈溺於富貴聲利之場，如拘如囚，而莫之省脫；及聞孔子之教，始知一切俗緣，皆非性體，乃豁然脫落。但見得此意，不加實踐，以入於精微，則漸有輕滅世故、闊略倫物之病。雖比世之庸庸瑣瑣者不同，其為未得於道，一也。故孔子在陳，思歸以裁之，使入於道耳。諸君講學，但患未得此意；今幸見此，正好精詣力造，以求至於道，無以一見自足，而終止於狂也。

這是陽明要從狂放指引到中道的說法。從此以下，便是梨洲所說陽明學成以後的第三期。大抵從狷到狂，從狂到中道，他自己工夫進境如此，他指點人的學程也是如此。

王學大綱

王學歷程，上兩節裏，約略說過。下面再橫剖地把王學大綱分條闡述。

一　良知

講及王學，最先便聯想到「良知」，「良知」到底是一件什麼東西呢？傳習錄上說：

> 知善知惡是良知。
> 良知是天理之昭明靈覺處，故良知卽是天理。

「天理」兩字，本是北宋以來理學家最認眞尋討的問題，其實天理只是分善別惡的一個總名，除卻分善別惡，便無天理可見。至於善惡的標準，推極本源，只在人心的自然靈覺處。所以天理只從人心上發，除卻人心，不見天理。那個爲天理本源的人心，便叫「良知」。

蓋良知，只是一個天理自然明覺發見處，只是一個眞誠惻怛，便是他本體。

人心眞誠惻怛地求生，那生便是天理。一切助長生者是善，一切摧抑生者是惡。人心眞誠惻怛地求愛，那愛便是天理。一切助長愛者是善，一切摧抑愛者是惡。那一番求生、求愛的心，以自然明覺而發見，那便是良知，良知便是自然明覺，所明覺的則稱天理。若捨掉良知，又何從見天理？又何從別善惡？傳習錄上又說：

良知只是個是非之心，是非只是個好惡。只好惡就盡了是非，只是非就盡了萬事萬變。

這裏的是非，便是上文的善惡。是非之心，便是一個分善別惡之心。一切善惡最後的標準，便是人心之好惡。人們因爲好生惡死，所以助長生者是善，人們稱之爲是；摧抑生者是惡，人們斥之爲非。人們因爲好愛惡仇，所以助長愛者是善，人們稱之爲是；摧抑愛者是惡，人們斥之爲非。人又叫一切善爲天理，其實則只是人心，只是人心之好惡。從此推演，又定出許多名目。

故致此良知之眞誠惻怛以事親便是孝，致此良知之眞誠惻怛以從兄便是弟，致此良知之眞誠惻怛以事君便是忠，只是一個良知，一個眞誠惻怛。

孝罷，弟罷，忠罷，總只是人心向外的自然流露。因爲人心愛如此，所以人們特地爲那些事，裝造了許多好字面，好名目。說他是善的、是的，稱他爲孝、弟、忠，尊他爲天理，其實只是人們的心好。所以說：

虛靈不昧，衆理具而萬事出。心外無理，心外無事。

看書不能明，須於心體上用功。凡明不得，行不去，須反在自心上體當，卽可通。四書五經，不過說這心體。這心體卽所謂道。心體明卽道明，更無二，此是爲學頭腦處。

如此說來，人心卽是天理，更不煩有所謂湊泊。人心自然能明覺得此天理，也不煩再有所謂工夫了。這便是王學對宋儒傳統大問題獲得了一個旣簡易又直捷的答案之最大貢獻處。

二　知行合一

講王學除良知外，便要說到「知行合一」。傳習錄上徐愛記著一段說：

愛因未會先生知行合一之訓，與宗賢、惟賢往復辯論，未能決，以問於先生。先生曰：「試舉看。」愛曰：「如今人儘有知得父當孝，兄當弟者，卻不能孝，不能弟，便是知與行分明是兩件。」先生曰：「此已被私欲隔斷，不是知行的本體了。未有知而不行者。知而不行，只是未知。聖賢教人知行，正是要復那本體，不是著你只恁的便罷。故大學指個眞知行與人看，說：『如好好色，如惡惡臭。』見好色屬知，好好色屬行。只見那好色時已自好了，不是見了後又立個心去好；聞惡臭屬知，惡惡臭屬行，只聞那惡臭時已自惡了，不是聞了後別立個心去惡。如鼻塞人見惡臭在前，鼻中不曾聞得，便亦不甚惡，亦只是不曾知臭。就如稱某人知孝，某人知弟，必是其人已曾行孝行弟，方可稱他知孝知弟；不成只是曉得說些孝弟的話，便可稱為知孝弟。又如知痛，必已自痛了方知痛；知寒，必已自寒了；知飢，必已自飢了。知行如何分得開？此便是知行的本體，不曾有私意隔斷的。聖人教人必要是如此，方可謂之知，不然只是不曾知，此卻是何等緊切著實的工夫？如今苦苦定要說是知行做兩個，是甚麼意？某要說做一個，是什麼意？若不知立言宗旨，只管說一個、兩個，亦有甚用？」

這是陽明論「知行合一」最剴切的一番話。原來知行在本體上本是合一的。知行之不合一，只爲有私欲隔了。要復那不曾爲私欲隔斷的本體，便是朱子註大學所謂：

盡夫天理之極，而無一毫人欲之私。

這又是陽明之所以承續宋學大傳統所在。陽明又說：

至善只是此心純乎天理之極便是。

心卽理也，此心無私欲之蔽，卽是天理，不須外面添一分。以此純乎天理之心，發之事父便是孝，發之事君便是忠，發之交友治民便是信與仁，只在此心「去人欲，存天理」上用功便是。

又說：

至善是心之本體，只是「明明德」到至精至一處便是。

此所謂「精」與「一」，便是上文的所謂「純」，便是不曾爲私欲隔斷的心體，那心體的流露便叫天理。只是一段自然的流露，而人們強爲分說成知、行兩字，所以陽明說：

知是行的主意，行是知的功夫。知是行之始，行是知之成。若會得時，只說一個知，已自有行在；只說一個行，已自有知在。

講王學的人，只要眞認識那些隔斷本體的私欲，自然能會得他所說「知行合一」的本體。傳習錄上又有黃直的一段記載說：

問知行合一。先生曰：「此須識我立言宗旨。今人學問，只因知行分作兩件，故有一念發動，雖是不善，然卻未嘗行，便不去禁止。我今說個知行合一，正要人曉得一念發動處，便卽是行了；發動處有不善，就將這不善的念克倒了，須要徹根徹底，不使那一念不善潛伏在胸中。此是我立言宗旨。

當知徹根徹底不使一念不善潛伏胸中，便是沒有私欲隔斷，自見「知行合一」的心體了。我們若眞能做到這一番工夫，其實也卽是宋儒所說「變化氣質」的最大成效了。

三　致良知

講王學第三個要叫人想到的，便是「致良知」。「致良知」卽是「徹根徹底不使一念不善潛伏胸中」的方法。陽明說：

> 知是心之本體，心自然會知。見父自然知孝，見兄自然知弟，見孺子入井自然知惻隱，此便是良知，不假外求。若良知之發，更無私意障礙，卽所謂充其惻隱之心而仁不可勝用矣。然在常人不能無私意障礙，所以須用致知格物之功，勝私復理，卽心之良知更無障礙，得以充塞流行，便是致其知，知致則意誠。

原來「致知」只是要此心不爲私欲私意所障礙，便只是「要此心純是天理」。

要此心純是天理，須就理之發見處用功。

「理之發見處」，卽所謂「良知」。

爾那一點良知，是爾自家底準則。爾意念著處，他是便知是，非便知非，更瞞他一些不得。爾只不要欺他，實實落落依著他做去，善便存，惡便去，他這裏何等穩當快樂。此便是格物的眞訣，致知的實功。

現在讓我們回看到本書的第一章，陽明所謂的「知行合一」，豈不卽是北宋傳下的一個「敬」字？陽明所謂的「致良知」，豈不是北宋傳下的一個「義」字？但北宋以來所謂的「敬、義夾持」，本來分成兩橛的；此刻到陽明手裏，便渾化爲一了。陽明答聶文蔚書有云：

我此間講學，卻只說個「必有事焉」，不說勿忘勿助。「必有事焉」者，只是時時去「集義」。……其功夫全在必有事焉上用，勿忘勿助，只就其間提撕警覺而已。……夫必有事焉只是集義，集義只是致良知。說集義則一時未見頭腦，說致良知卽當下便有實地步可用功。故區區專說「致良知」。隨時就事上致其良知，便是「格物」。

如此說來，自不至如朱子所謂「即凡天下之物，莫不因其已知之理而益窮之以求至乎其極」的弊病。陽明又說：

> 孟子言「必有事焉」，則君子之學終身只是「集義」一事。集義亦只是致良知。……凡謀其力之所不及而強其知之所不能者，皆不得為致良知。……凡學問之事，一則誠，二則僞。

要明得陽明所謂的「良知」，「知行合一」，和「致良知」，須得牢記著陽明所謂的「精一」和「純」，又須得牢記著陽明所謂的「一則誠」之「誠」。所以講王學的良知，知行合一，和致良知，尤不得不講王學裏所謂的「誠意」和「立誠」。

四　誠意

陽明說：

「誠意」之說，自是聖門教人用功第一義。

又云：

僕近時與朋友論學，惟說「立誠」二字。殺人須就咽喉上著刀，吾人為學當從心髓入微處用力，自然篤實光輝。雖私欲之萌，眞是紅鑪點雪。天下之大本立矣。

他時又說：

惟天下之至誠，然後能立天下之大本。

劉蕺山云：

誠無為，便是心髓入微處，良知卽從此發竅者，故謂之立天下之大本。看來良知猶是第二義也。

明得此意，又何容後世僞良知的出現。傳習錄上黄直又有一段記載說：

先生嘗謂人但得好善如好好色，惡惡如惡惡臭，便是聖人。直體驗此個功夫著實是難。如一念雖知好善惡惡，然不知不覺又夾雜去了。才有夾雜，便不是好善如好好色、惡惡如惡惡臭的心。善能實實的好，是無念不善矣；惡能實實的惡，是無念及惡矣。如何不是聖人？故聖人之學，只是一誠而已。

陽明常把「如好好色、如惡惡臭」來指點知行的本體，可見知行本體實只是一個「誠」，誠意之極，知行自見合一，便是眞能好惡的良知。陽明自己說：

以誠意為主，即不須添「敬」字，所以提出個誠意來說，正是學問的大頭腦處。

陽明把「致知」來代替了北宋相傳的「集義」和「窮理」，又把「知行合一」和「誠意」來代替北宋相傳的一個「敬」字。陽明已爲北宋以來理學傳統上難決的問題，給了一個圓滿的解答，但他實不曾樹著革命的叛旗來打倒北宋以來的前輩。而後來講程朱的人，便要痛斥陽明，講陽明的也要輕視程朱，卻爲何來？

五　謹獨

陽明講「誠意」又講「謹獨」。

正之問：「戒懼是己所不知時工夫，愼獨是己所獨知時工夫，此說如何？」先生曰：「只是一個工夫，無事時固是獨知，有事時亦是獨知。人若不知於此獨知之地用力，只在人所共知處用功，便是作僞。此獨知處便是誠的萌芽。此處不論善念惡念，更無虛假。一是百是，一錯百錯，正是王霸、義利、誠僞、善惡界頭。於此一立立定，便是端本澄源，便是立誠。古人許多誠身的工夫，精神命脈，全體只在此處。」

六　立志

陽明講誠意、謹獨，又講「立志」。他說：

大抵吾人為學，緊要大頭腦只是立志。所謂困忘之病，亦只是志欠真切。今好色之人，未嘗病於困忘，只是一真切耳。

諸公在此，務要立個必為聖人之心，時時刻刻，須是一棒一條痕，一摑一掌血，方能聽吾說話，句句得力。若茫茫蕩蕩度日，譬如一塊死肉，打也不知痛癢，恐終不濟事。

又說：

學問不得長進，只是未立志。良知上留得些子別念掛帶，便非必為聖人之志。

持志如心痛，一心在痛上，豈有工夫說閒話，管閒事？

他又說：

只念念要存天理，卽是立志。善念存時，卽是天理，此念如樹之根芽。立志者，長立此善念而已。吾輩今日用功，只是要為善之心眞切。此心眞切，見善卽遷，有過卽改，方是眞切工夫。

他又說：

我此論學，是無中生有的工夫，諸公須要信得及，只是立志。學者一念為善之志，如樹之種，但勿助勿忘，只管培植將去，自然日夜滋長，生氣日完，枝葉日茂。樹初生時便抽繁枝，亦須刊落，然後根幹能大。初學時亦然，故立志貴專一。

講王學的人，只要先辨一個眞切爲善之志，專一在此，更無別念掛帶，便是良知栽根處。從此戒愼恐懼，從謹其獨知處下手。別人不知，只我自知處，是謂獨知。若能從獨知處下工夫，久久自見意誠境界。意誠了，自得認識「知行合一」的本體。識得此體，自會悟到自己的良知。這是走上王學的眞路子，陽明指點本自親切；後人好弄玄虛，索之冥漠，尋之高深，反而轉入歧途了。

七　事上磨鍊

北宋以來所謂「敬、義夾持」，「明、誠兩進」，講工夫上的爭端，在陽明手裏算是打併歸一了，這已在上節約略闡述過。至論對於本體方面心與物的爭端，陽明又如何來解決？據普通一般見解，陽明自是偏向象山，歸入「心卽理」的一面；其實陽明雖講心理合一，教人從心上下工夫，但他的議論，到底還是折衷心、物兩派。別開生面，並不和象山走著同一的路子。他曾說：

目無體，以萬物之色為體；耳無體，以萬物之聲為體；鼻無體，以萬物之臭為體；口無體，以萬物之味為體；心無體，以天地萬物感應之是非為體。

這樣說來，既不偏在心，也不偏在物，他在心、物之間特別指點出一個「感應」來，這是王學的超過朱、陸處。

先生遊南鎮，一友指岩中花樹問曰：「天下無心外之物，如此花樹，在深山中自開自落，於我心亦何相關？」先生曰：「你未看此花時，此花與汝心同歸於寂；你來看此花時，則此花顏色一時明白起來，便知此花不在你的心外。」

這條問答，粗看好似近代西洋哲學中的那些極端的惟心論；但我們若細玩陽明講學宗旨，從另一看法來解釋，似乎陽明語意所重，仍只在「看」與「未看」上，仍只在心與物的感應上。捨卻你的一看，非但不見有花樹，也何從見有你此心？所以陽明晚年講學，特地要說一個「必有事焉」，惟其有事，乃有心與物可見。看便是一事，只因此一看，便見此心和岩中花樹同時分明；若無此一看，則此花與心同歸於寂，何嘗是說捨卻視聽聲色事物感應獨自存在了這一個心？

九川問：「近年因厭氾濫之學，每要靜坐，求屏息念慮，非惟不能，愈覺擾擾，如何？」先生曰：「念慮如何可息？只是要正。」曰：「當自有無念時否？」先生曰：「實無無念時。……此是天機不息處，所謂『維天之命，於穆不已』。一息便是死。非本體之念，即是私念。」又問：「用功收心時，有聲色在前，如常聞見，恐不是專一。」曰：「如何欲不聞見？除是槁木死灰、耳聾目盲則可。只是雖聞見而不流去，便是。」又問：「靜坐用功，頗覺此心收斂，遇事又斷了。旋起個念頭去事上省察，事過又尋舊功，還覺有內外，打不作一片。」先生曰：「此格物之說未透，心何嘗有內外？……人須在事上磨鍊做功夫，乃有益。」

陽明只說心無無念時，天機不息，一息便是死；除非槁木死灰，耳聾目盲，如何能不聞不見；只待聞與見，此心與外物便同時分明。故說「心無內外」，只須在「事上磨鍊」做工夫：這是王學折衷朱、陸，打通心物內外兩端的精神所在，這裏纔見得是陽明精一之訓。陽明平素教人，只指點出天理、人欲的分別，不再主張有內心、外物的分別，這是王學的高明處。下面再鈔傳習錄陸澄所問一節，以見陽明如何把良知的感應來融通心物，說明天地萬物之與我一體。

問：「人心與物同體，如吾身原是血氣流通的，所以謂之同體；若於人便異體了，禽獸草木益遠矣，如何謂之同體？」先生曰：「你只在感應之幾上看，豈但禽獸草木，雖天地也與我同體的，鬼神也與我同體的。」請問。

先生曰：「你看這個天地中間，什麼是天地的心？」

對曰：「嘗聞人是天地的心。」

曰：「人又甚麼叫做心？」

對曰：「只是一個靈明。」

「可知充塞天地中間，只有這個靈明。人只為形體自間隔了。我的靈明，便是天地的主宰。天沒有我的靈明，誰去仰他高？地沒有我的靈明，誰去俯他深？鬼神沒有我的靈明，誰去辨他吉凶災祥？天地鬼神萬物，離卻我的靈明，便沒有天地鬼神萬物了。我的靈明，離卻天地鬼神萬物，亦沒有我的靈明，如此便是一氣流通的，如何與他間隔得？」

此處陽明把天地萬物說成只是一個「靈明」，豈不很像近代西洋哲學中的所謂極端的唯心論麼？其實陽明畢生講學宗旨，別有其精神所在。他所說的靈明，仍只是感與應，仍只是必有事焉，仍只是一向所講的知行合一。我們須注意他所說「離卻天地萬物，亦沒有我們的靈明」那一句轉語，自可見王學的獨特精神處。

現在再看陽明所謂的在「事上磨鍊」，究竟是指的什麼一會事。傳習錄又有陸澄問一條：

澄嘗問象山「在人情事變上做工夫」之說。先生曰：「除了人情事變，則無事矣。喜怒哀樂非人情乎？自視聽言動以至富貴貧賤患難死生，皆事變也，事變亦只在人情裏。」

據此可見陽明所謂的事上磨鍊，也只是磨鍊自己一心的喜怒哀樂。換一句話說，便是磨鍊自己良知的感應。便是磨鍊此知行合一之本體。陸澄又記著說：

澄在鴻臚寺倉居，忽家信至，言兒病危。澄心甚憂悶不能堪。先生曰：「此時正宜用功。若此時放過，閑時講學何用？人正要在此等時磨鍊。」

這把事上磨鍊指點得更親切。我們若把捉住此等教訓，何至再有所謂「現成的良知」。講王學的人，只不要忘了龍場驛的憂危，和征濠後的讒譏交作，便自明得先生這裏所謂「正要在此等時磨鍊」的意義和來歷。先生又說：

父之愛子，自是至情，然天理亦自有個中和處，過卽是私意。人於此處多認做天理，當憂則一向憂苦，不知已是有所憂患不得其正。大抵七情所感，多只是過，少不及者。才過便非心之本體，必須調停中始得。就如父母之喪，人子豈不欲一哭便死，方快於心；然卻曰「毀不滅性」，非聖人強制之也，天理本自有分限，不可過也。人但要識得心體，自然增減分毫不得。

原來陽明所謂「事上磨鍊」，還只在一個「存天理，去人欲」，叫自己的喜怒哀樂恰到好處，不要過分。便是所謂「中和」的地位。便是陽明所謂的「心體」。試問陽明此等處，豈不顯然是宋儒講學的大傳統？但是「心體」又如何識得，如何呈露呢？陸澄又有下面一段的問答。

澄曰：「好色、好利、好名等心固是私欲，如閒思雜慮，如何亦謂之私欲？」先生曰：「畢竟從好色、好利、好名等根上起，自尋其根便見。如汝心中決知是無有做劫盜的思慮，何也？以汝原無是心也。汝若於貨、色、名、利等心一切皆如不做劫盜之心一般，都消滅了，光光只是心之本體，看有甚閒思慮。此便是寂然不動，便是未發之中，便是廓然大公，自然感而遂通，自然發而中節，自然物來順應。

如是則要心體呈露，還是免不掉一番洗伐克治的工夫。所以陽明說：

省察是有事時存養，存養是無事時省察。

不論有事無事，只是個「必有事焉」；只是個「存天理，去人欲」；只是要自己的喜怒哀樂，有一個未發之中，和發而中節之和。這是陽明所謂的「事上磨鍊」。我們若明白得他所謂的事上磨鍊，同時也自明白得他所謂的立志，謹獨，誠意，和致良知；同時也自明白得他所謂的良知，和知行原自合一的本體。我們若明白得這些，從此再回頭，看北宋以來相傳的所謂「變化氣質」，試問和王學到底有幾許不同？如是說來，陽明又何嘗打起革命的叛旗，來求推翻他前輩一般的見解和覬圖呢？他晚年特別提出「事上磨鍊」一句口號來，只爲要在朱子格物和象山立心的兩邊，爲他們開一通渠。後人必然要說陽明尊陸抑朱，怕也未必盡然吧？

以上七點，總算把王學大綱，約略寫出了一個大概。他那主張一元論的傾向，和那折衷融會的精神，及其確切明顯的宗旨，都可以代表明學的一般；而尤其是在他重「行」的一點上，不徒是他爲學精神全部所貫注，卽其學說理論之全部組織上，也集中在這一面。所以陽明說：

盡天下之學，無有不行而可以言學者。

我們此刻也可套他話頭說：

無有不行而可以知陽明之所謂良知，與其一切所說者。

所以朱子言格物窮理，未免偏重「知」上說，而陽明言格物窮理，則根本脫離不了一「行」字。天理在實踐中，良知亦在實踐中。天地萬物與我一體亦在實踐中。不實踐，空言說，則到底無是處。

陽明的晚年思想

黃梨洲說：

自姚江指點出良知，人人現在，一反觀而自得，便人人有個作聖之路。故無姚江，則古來之學脈絶矣。然「致良知」一語，發自晚年，未及與學者深究其旨。後來門下各以意見攙和，說玄說妙，幾同射覆，非復立言之本意。

本來一家學說，他的成熟多在晚年，晚年的思想，自然是更足爲後人所研討；而況王學，在其晚年，還未能深切發揮，不幸沒世，其後學各執一說，互生歧異，講王學的人，自然要對其晚年思想益加注意了。下面扼要的敍述三事，以見陽明晚年議論之一般。

一　「拔本塞源」之論

見答顧東橋書，在嘉靖四年乙酉，先生五十四歲在越。

二　大學問

嘉靖丁亥八月，先生起征思田，將發，錄此書示門人，時年五十六。

三　四句教

同年九月，天泉橋夜話，授錢緒山、王龍谿。

此下再分條的闡述。

一　拔本塞源之論

拔本塞源論是王學裏一番重要的貢獻。他說：

夫拔本塞源之論不明於天下，則天下之學聖人者將日繁日難，斯人淪於禽獸夷狄而猶自以為聖人之學。吾之說雖或蹔明於一時，終將解凍於西而冰堅於東，霧釋於前而雲滃於後，呶呶焉危困而死，而卒無救於天下之分毫也已。

夫聖人之心，以天地萬物為一體。其視天下之人，無外內遠近，凡有血氣，皆其昆弟赤子之親，莫不欲安全而教養之，以遂其萬物一體之念。天下之人心，其始亦非有異於聖人也，特其間於有我之私，隔於有我之蔽，大者以小，通者以塞。人各有心，至有視其父子兄弟如仇讎者。聖人有憂之，是以推其天地萬物一體之仁以教天下，使之皆有以克其私，去其蔽，以復其心體之同然。其教之大端，則堯、舜、禹之相授受，所謂「道心惟微，人心惟危，惟精惟一，允執厥中」；而其節目，則舜之命契，所謂「父子有親，君臣有義，夫婦有別，長幼有序，朋友有信」五者而已。唐、虞、三代之世，教者惟以此為教，而學者惟以此為學。當是之時，人無異見，家無異習，安此者謂之聖，勉此者謂之賢，而背此者雖其啟明如朱，亦謂之不肖。下至閭井田野農工商賈之賤，莫不皆有是學，而惟以成其德行為務。何者？無有聞見之雜，記誦之煩，辭章之靡濫，功利之馳逐，而但使之孝其親，弟其長，信其朋友，以復其心體之同然，是蓋性分之所固有，而非有假於外者，則人亦孰不能之乎？學校之中，惟以成德為事，而才能之異，或有長於禮樂，長於政教，長於水土播植者，則就其成德，而因使益精其能於學校之中。迨夫舉德而任，則使之終身居其職而不易。用之者惟知同心一德以共安天下之民，視才之稱否而不以崇卑為輕重，勞逸為美惡。效用者亦惟知同心一德以共安天下之民，苟當其能，則終身處於煩劇而不以為勞，安於卑瑣而不以為賤。當是之時，天下之人，熙熙皞皞，皆相視如一家之親。其才質之下者，則安其農、工、商、賈之分，各勤其業以相生相養，而無有乎希高慕外之心。其才能之異若皋、夔、稷、契者，則出而各效其能，若一家之務，或營其衣食，或通其有無，或備其器用，集謀并力以求遂其仰事俯畜之願，惟恐當其事者之或怠而重己之累也。故稷勤其稼而不恥其不知教，視契之善教，即己之善教也；夔司其樂而不恥於不明禮，視夷之通禮，即己之通禮也。蓋其心學純明，而有以全其萬物一體之仁，故其精神流貫，志氣通達，而無有乎人己之分，物我之間。譬之一人之身，目視、耳聽、手持、足行，以濟一身之用。目不恥其無聰，而耳之所涉，目必營焉；足不恥其無執，而手之所探，足必前焉。蓋其元氣充周，血脈條暢，是以痒痾呼吸，感觸神應，有不言而喻之妙。此聖人之學，所以至易至簡，易知易從，易學易能而易成才者，正以大端惟在復心體之同然，而知識技能非所與論也。三代之衰，王道熄而霸術昌；孔孟既歿，聖學晦而邪說橫，教者不復以此為教，而學者不復以此為學。霸者之徒，竊取先王之近似者，假之於外，以內濟其私己之欲。天下靡然而宗之，聖人之道遂以蕪塞。相倣相效，日求所以富強之說，傾詐之謀，攻伐之計，一切欺天罔人，苟一時之得以獵取聲利之術，若管、商、蘇、張之屬者，至不可名數。及其久也，鬥爭劫奪，不勝其禍，斯人淪於禽獸夷狄，而霸術亦有所不能行矣。世之儒者，慨然悲傷，蒐獵先聖王之典章法制，而掇拾修補於煨燼之餘。蓋其為心，良亦欲以挽回先王之道。聖學既遠，霸術之傳，積漬已深，雖在賢知，皆不免於習染。其所以講明修飾，以求宣暢光復於世者，僅足以增霸者之藩籬，而聖學之門牆，遂不復可覩。於是乎有訓詁之學，而傳之以為名；有記誦之學，而言之以為博；有詞章之學，而備之以為麗。若是者，紛紛藉藉，羣起角立於天下，又不知其幾家。萬徑千蹊，莫知所適。世之學者，如入百戲之場，讙譃跳踉、騁奇鬥巧、獻笑爭妍者，四面而競出，前瞻後盼，應接不遑；而耳目眩瞀，精神恍惑，日夜遨遊淹息其間，如病狂喪心之人，莫自知其家業之所歸。時君世主，亦皆昏迷顛倒於其說，而終身從事於無用之虛文，莫自知其所謂。間有覺其空疏謬妄，支離牽滯，而卓然自奮，欲以見諸行事之實者；極其所抵，亦不過為富強功利五霸之事業而止。聖人之學日遠日晦，而功利之習，愈趨愈下。其間雖嘗蠱惑於佛、老，而佛、老之說卒亦未能有以勝其功利之心；雖又嘗折衷於羣儒，而羣儒之論，終亦未能有以破其功利之見。蓋至於今，功利之毒淪浹於人之心髓而習以成性也幾千年矣。相矜以知，相軋以勢，相爭以利，相高以技能，相取以聲譽。其出而仕也，理錢穀者則欲兼夫兵刑，典禮樂者又欲與於銓軸，處郡縣則思藩臬之高，居臺諫則望宰執之要。故不能其事則不得以兼其官，不通其說則不可以要其譽。記誦之廣，適以長其傲也；知識之多，適以行其惡也；聞見之博，適以肆其辯也；辭章之富，適以飾其僞也。是以皋、夔、稷、契所不能兼之事，而今之初學小生皆欲通其說，究其術。其稱名僭號，未嘗不曰吾欲以共成天下之務，而其誠心實意之所在，以為不如是，則無以濟其私而滿其欲也。嗚呼！以若是之積染，以若是之心志，而又講之以若是之學術，宜其聞吾聖人之教而視之以為贅疣枘鑿；則其以良知為未足，而謂聖人之學為無所用，亦其勢有所必至矣。

嗚呼！士生斯世，而尚何以求聖人之學乎？尚何以論聖人之學乎？士生斯世而欲以為學者，不亦勞苦而繁難乎？不亦拘滯而險艱乎？嗚呼！可悲也已！所幸天理之在人心，終有所不可泯；

而良知之明，萬古一日。則其聞吾拔本塞源之論，必有惻然而悲，戚然而痛，憤然而起，沛然若決江河而有所不可禦者矣。非夫豪傑之士，無所待而興起者，吾誰與望乎！

這是陽明答顧東橋書的末一節，我特別提出，而姑稱之曰陽明的拔本塞源論。篇中所論說，固於史實未必盡當；然此實良知學者一個理想的「烏托邦」。論其遠源，頗近於古代的禮運篇，但禮運篇只提出一理想，並沒有如何實現此理想的步驟與計畫，陽明的拔本塞源論，從人類的心性上出發，從教育上下手，依此逐步推進，禮運的理想社會始有實際幾及之可能。但陽明此論，似乎朱子的大學章句序已先發其端。茲再鈔朱子大學章句序原文以作比較。

朱子說：

大學之書，古之大學所以教人之法也。蓋自天降生民，則既莫不與之以仁、義、禮、智之性矣。然其氣質之稟，或不能齊，是以不能皆有以知其性之所有而全之也。一有聰明睿智能盡其性者出於其間，則天必命之以為億兆之君師，使之治而教之，以復其性。此伏羲、神農、黃帝、堯、舜所以繼天立極，而司徒之職、典樂之官所由設也。三代之隆，其法寖備。然後王宮國都，以及閭巷，莫不有學，人生八歲，則自王公以下，至於庶人之子弟，皆入小學，而教以灑掃應對進退之節，禮、樂、射、御、書、數之文。及其十有五年，則自天子之元子眾子，以至公卿大夫元士之適子，與凡民之俊秀，皆入大學，而教之以窮理正心修己治人之道。此又學校之教，大小之節所由分也。夫以學校之設，其廣如此，教之之術，其次第節目之詳又如此，而其所以為教，則又皆本之人君躬行心得之餘，不待求之民生日用彝倫之外。是以當世之人無不學，其學焉者，無不有以知其性分之所固有，職分之所當為，而各俛焉以盡其力。此古昔盛時，所以治隆於上，俗美於下，而非後世之所能及也。及周之衰，賢聖之君不作，學校之政不修，教化陵夷，風俗頹敗，時則有若孔子之聖，而不得君師之位，以行其政教，於是獨取先王之法，誦而傳之以詔後世。……及孟子後，而眞傳泯焉。……自是以來，俗儒記誦詞章之習，其功倍於小學而無用；異端虛無寂滅之教，其高過於大學而無實。其他權謀術數，一切以就功名之說，與夫百家眾技之流，所以惑世誣民、充塞仁義者，又紛然雜出乎其間。使其君子不幸而不得聞大道之要，其小人不幸而不得蒙至治之澤，晦盲否塞，反覆沉痼，以及五季之衰，而壞亂極矣。

朱子此文，同樣把古代歷史描寫成自己的理想國，同樣側重在教育功能上，來培植各人性分之所固有，來發揚各人職分之所當爲，來達成一理想的社會。在大綱大節上，可謂和陽明拔本塞源論中所講並無二致。只是沒有陽明般對此理想社會描寫得更詳明，更完備。陽明早年爲學，本想從朱子格物補傳下手，現在我們說他晚年的拔本塞源論，也受朱子那一篇序文的影響，或許是可能吧！

現在再說到拔本塞源論那一篇文章的骨幹，正面是天地萬物一體之仁，反面是功利之私，論其大體，仍不出北宋以來理學家傳統所爭的天理、人欲之辨。只是內聖外王，有體有用，舉凡政治、教育、道德、才能，莫不一以貫之。既理想，又具體，實足懸爲將來人類社會所永遠追求的一遠景。我們從此來看陽明的良知學，可知其決非空疏，決非褊狹。其間有幾點值得特爲提出，以爲講王學者所注意：

一、講良知之學，每易側重在個人方面，而此篇所論則擴大及於人類之全體。
二、講良知之學，每易側重在內心方面，而此篇所論則擴大及於人生一切知識才能與事業。
三、講良知之學，每易側重在人與人之相同處，而此篇所論則同時涉及人與人之相異處。
四、講良知之學，每易側重在倫理問題的一部分，而此篇所論則同時涉及政治、經濟、社會的一切問題上。

我在上章所舉的「事上磨鍊」，本亦是陽明晚年提出的口號。我想治王學者，應該把拔本塞源論作爲從事「事上磨鍊」之主要題目，那便不致把王學偏陷在個人的喜怒哀樂方寸之地，而僅求其無過，像南宋理學大盛時葉水心諸人之所譏了。只可惜陽明當時，對此一番理論，僅僅粗發其緒，沒有詳細發揮。哲人不壽，眞是人世的大損失。

傳習錄上又有兩節論聖人的，可與拔本塞源論相證，今再鈔錄如次：

希淵問：「聖人可學而至，然伯夷、伊尹於孔子才力終不同，其同謂之聖者安在？」先生曰：「聖人之所以為聖，只是其心純乎天理而無人欲之雜，猶精金之所以為精，但以其成色足而無銅、鉛之雜也。人到純乎天理方是聖，金到足色方是精。然聖人之才力，亦有大小不同，猶金之分兩有輕重。堯、舜猶萬鎰，文王、孔子猶九千鎰，禹、湯、武王猶七八千鎰，伯夷、伊尹猶四五千鎰。才力不同，而純乎天理則同。皆可謂之聖人。猶分兩雖不同，而足色則同，皆可謂之精金。以五千鎰者而入於萬鎰之中，其足色同也；以夷、尹而廁之堯、孔之間，其純乎天理同也。蓋其所以為精金者，在足色而不在分兩；所以為聖者，在純乎天理而不在才力也。故雖凡人而肯為學，使此心純乎天理，則亦可為聖人；猶一兩之金，比之萬鎰，分兩雖懸絶，而其到足色處可以無愧。故曰『人皆可以為堯、舜』者，以此。學者學聖人，不過是去人欲而存天理耳，猶鍊金而求其足色。金之成色，所爭不多，則鍛鍊之工省而功易成；成色愈下，則鍛鍊愈難。人之氣質，清濁粹駁，有中人以上、中人以下；其於道有生知安行、學知利行；其下者必須人一己百，人十己千；及其成功則一。後世不知作聖之本，是純乎天理，卻專去知識才能上求聖人。以為聖人無所不知，無所不能，我須是將聖人許多知識才能，逐一理會始得。故不務去天理上著工夫，徒弊精竭力從册子上鑽研，名物上考索，形迹上比擬，知識愈廣而人欲愈滋，才力愈多而天理愈蔽。正如見人有萬鎰精金，不務鍛鍊成色，求無媿於彼之精純；而乃妄希分兩，務同彼之萬鎰，錫、鉛、銅、鐵雜然而投，分兩愈增而成色愈下，既其梢末，無復有金矣。」德章曰：「聞先生以精金喻聖，以分兩喻聖人之分量，以鍛鍊喻學者之工夫，最為深切。惟謂堯、舜為萬鎰，孔子為九千鎰，疑未安。」先生曰：「此又是軀殼上起念，故替聖人爭分兩。若不從軀殼上起念，卽堯、舜萬鎰不為多，孔子九千鎰不為少。堯、舜萬鎰只是孔子的，孔子九千鎰只是堯、舜的。原無彼我，所以謂之聖。只論精一，不論多寡，只要此心純乎天理處同，便同謂之聖。若是力量氣魄，如何盡同得！後儒只在分兩上較量，所以流入功利。若除去比較分兩的心，各人儘著自己力量精神，只在此心純乎天理上用功，卽人人自有個圓成，便能大以成大，小以成小，不假外慕，無不具足，此便是實實落落，明善誠身的事。後儒不明聖學，不知就自己心地良知良能上體認擴充，卻去求知其所不知，求能其所不能，一味只是希高慕大，不知自己是桀、紂心地，動輒要做堯、舜事業，如何做得？」

這兩節從良知見地，闡發人類最高可能的平等性，以及爲人羣分工服務的個別的自由性，實爲拔本塞源論的骨子，爰特備錄以資參考。至於知識才能，講良知的人，並非加以抹殺不去理會；只要教人各就自己分量盡力，不作分外希慕，不爲功利借資。把莊老逍遙、齊物的見解，來補孔孟盡性知命的精誼，這是千古大議論，講究王學的人，不要輕易看過。

二　大學問

錢緒山說：

吾師接初見之士，必借學、庸首章以指示聖學之全功，使知從入之路。師征思田將發，先授大學問，德洪受而錄之。

他又說：

大學問者，師門之教典也。學者初及門，必先以此意授。門人有請錄成書者，曰：「此須諸君口口相傳，若筆之於書，使人作一文字看過，無益矣。」嘉靖丁亥八月，師起征思田，將發，門人復請，師許之。錄既就，以書貽洪，曰：「大學或問數條，非不願共學之士盡聞斯義，顧恐藉寇兵而齎盜糧，是以未欲輕出。」蓋當時尚有持異說以混正學者，師故云然。師既沒，音容日遠，吾黨各以己見立說，學者稍見本體，卽好為徑超頓悟之說，無復有省身克己之功。謂一見本體，超聖可以跂足，視師門誠意格物為善去惡之旨，皆相鄙以第二義。簡略事為，言行無顧，甚者蕩滅禮教，猶自以為得聖門之最上乘。噫！亦已過矣。……是篇，鄒子謙之嘗附刻於大學古本，玆收錄續編之首，使學者開卷讀之，思吾師之教，平易切實，而聖智神化之機固已躍然；不必更為別說，匪徒惑人，只以自誤，無益也。

緒山從學陽明最久，東廓又是江右王門一大宗。他們都重視大學問，可知這篇文字，的爲陽明晚年手筆。現在再節錄大要如次：

大學者，昔儒以為大人之學矣，敢問大人之學，何以在於明明德乎？陽明子曰：「大人者，以天地萬物為一體者也，其視天下猶一家，中國猶一人焉。若夫間形骸而分爾我者，小人矣。大人之能以天地萬物為一體也，非意之也，其心之仁，本若是其與天地萬物而為一也。豈惟大人，雖小人之心，亦莫不然。……是故見孺子之入井，而必有怵惕惻隱之心焉；……見鳥獸之哀鳴，……而必有不忍之心焉；……見草木之摧折，而必有憫恤之心焉；……見瓦石之毀壞，而必有顧惜之心焉；……是其一體之仁也。……是乃根於天命之性，而自然靈昭不昧者也。故謂之明德。……及其動於欲，蔽於私，而利害相攻，忿怒相激，則將戕物圮類，無所不為，甚至有骨肉相殘者，而一體之仁亡矣。是故苟無私欲之蔽，雖小人之心，其一體之仁，猶大人也。一有私欲之蔽，雖大人之心，其分隔隘陋，猶小人矣。故夫為大人之學者，亦惟去其私欲之蔽，以自明其明德，復其天地萬物一體之本然而已。非能於本體之外，有所增益之也。」

曰：「然則何以在親民乎？」

曰：「明明德者，立其天地萬物一體之體也。親民者，達其天地萬物一體之用也。故明明德必在於親民，而親民乃所以明其明德也。是故親吾之父以及人之父，以及天下人之父；……親吾之兄，以及人之兄，以及天下人之兄，……君臣，……夫婦，……朋友，……以至於山川鬼神，鳥獸草木，莫不實有以親之，以達吾一體之仁；然後吾之明德始無不明，而眞能以天地萬物為一體矣。……」

曰：「然則又烏在其為止於至善乎？」

曰：「至善者，明德親民之極則也。……卽所謂良知者也。至善之發見，是而是焉，非而非焉，……莫不自有天然之中，……而不容少有議擬增損於其間，……自非愼獨之至，惟精惟一者，其孰能與於此乎？後之人惟其不知至善之在吾心，而用其私智以揣摸測度於其外，以為事事物物，各有定理也；是以昧其是非之則，支離決裂，人欲肆而天理亡，明德親民之學遂大亂於天下。……」

曰：「知止而后有定，定而后能靜，靜而后能安，安而后能慮，慮而后能得，其說何也？」

曰：「人惟不知至善之在吾心，而求之於其外，……是以支離決裂，錯雜紛紜，而莫知有一定之向。今既知至善之在吾心，而不假於外求，則志有定向，……心不妄動而能靜，……其日用之間，從容閒暇而能安，……凡一念之發，一事之感，其為至善乎，其非至善乎，吾心之良知自有以詳審精察之而能慮矣。能慮則擇之無不精，處之無不當，而至善於是乎可得矣。」

曰：「古之欲明明德於天下者，以至於先修其身，以吾子明德親民之說通之，亦既可得而知矣。敢問欲修其身以至於致知在格物，其工夫次第又如何其用力歟？」

曰：「此正詳言明德親民止至善之功也。……何謂修身？為善而去惡之謂也。……必其靈明主宰者欲為善而去惡，然後其形體運用者始能為善而去惡。故欲修其身者，必在於先正其心也。然心之本體則性也，性無不善，則心之本體本無不正，何從而用其正之功乎？蓋心之本體本無不正，自其意念發動而後有不正。故欲正其心者，必就其意念之所發而正之。凡其發一念而善也，好之眞如好好色；發一念而惡也，惡之眞如惡惡臭；則意無不誠而心可正矣。然意之所發，有善有惡，不有以明其善惡之分，亦將眞妄錯雜，雖欲誠之，不可得而誠矣。故欲誠其意者，必在於致知焉。……致知云者，非若後儒所謂充廣其知識之謂也，致吾心之良知焉耳。……凡意念之發，吾心之良知無有不自知者：其善歟，惟吾心之良知自知之；其不善歟，亦惟吾心之良知自知之；是皆無與於他人者也。……今欲別善惡以誠其意，惟在致其良知之所知焉爾。何則？意念之發，吾心之良知既知其為善矣，使其不能誠有以好之而復背而去之，則是以善為惡，而自昧其知善之良知矣。意念之所發，吾之良知既知其為不善矣，使其不能誠有以惡之，而復蹈而為之，則是以惡為善，而自昧其知惡之良知矣。……則雖曰知之，猶不知也，意其可得而誠乎？今於良知所知之善惡，無不誠好而誠惡之，則不自欺其良知而意可誠也已。然欲致其良知，亦豈影響恍惚而懸空無實之謂乎？是必實有其事矣。故致知必在於格物。物者，事也。凡意之所發，必有其事，意所在之事謂之物。格者正也，正其不正以歸於正之謂也。正其不正者，去惡之謂也；歸於正者，為善之謂也。夫是之謂格。……良知所知之善，雖誠欲好之矣：苟不卽其意之所在之物而實有以為之，則是物有未格，而好之之意猶為未誠也。良知所知之惡，雖誠欲惡之矣；苟不卽其意之所在之物而實有以去之，則是物有未格，而惡之之意猶為未誠也。今於其良知所知之善者，卽其意之所在之物而實為之，無有乎不盡；於其良知所知之惡者，卽其意之所在之物而實去之，無有乎不盡。然後物無不格，而吾良知之所知者，無有虧缺障蔽，而得以極其至矣。夫然後吾心始快，無復餘憾而自慊矣。夫然後意之所發者，始無自欺而可以謂之誠矣。……此格致誠正之說，所以闡堯、舜之正傳，而為孔氏之心印也。」

這篇文字，眞如緒山所說，平易切實，眞可作王門的教典。他開宗明義，便提及天地萬物一體之仁，這是宋、明理學傳統精神所在。他講「明明德」與「親民」，內外交融，體用一貫，而以靈昭不昧的良知爲分善別惡的準繩，卽爲「至善」之極則。他闡發大學三綱，卽已括盡自己講學宗旨。可是他分述格、致、誠、正的幾層工夫，雖也不離他平日講學的眞精神，而且在文集和傳習錄裏也屢見到同樣的話，但總不免使人讀了，覺有牽強文義之憾。讀者貴能分別而觀，何者是陽明的意見，何者是陽明意見和大學原文本意的異同。講王學的，只要知道陽明自己見解確是如此便得。在陽明當時，也不過借大學一書來發揮他自己的見解，我們也只須從他的講述大學裏面來認識他自己要發揮的便完了。至於陽明見解，究竟和大學本文原義合不合，在我們本可不問。陽明曾說過：

> 天下之大亂，由虛文勝而實行衰。天下所以不治，只因文盛實衰，天下靡然爭務修飾文詞以求知於世，而不復知有敦本尚實，反朴還淳之行，是皆著述者有以啟之。

講王學的人，自該注重在敦本尚實、反朴還淳的行的一邊。修飾虛文，已爲陽明所不取；何況拘牽文義，走入支離附會的路子呢？然而陽明講學，自己也還不能免於拘牽文義。到底是他受朱子的影響太深了，他早年曾依朱子格物補傳切實下過工夫的，他雖失敗了，在他胸中終於洗不掉「大學爲入德之門」的一個見解。因此他在龍場一悟，也還只悟到格物致知的義解上去。此後陽明講學始終脫不掉那一套格物、致知、誠意、正心的話頭。他還要重定古本大學，還要替朱子搜集他的晚年定論，可見陽明平素在他內心深處，確實信仰大學，信仰朱子。他自己有了啟悟，也必訢合之於朱子和大學而後快。他內心似乎感到必如此，「夫然後吾心快然，無復餘憾而自慊矣。」這一種心情，治王學的人，也該深切認取。陽明又曾說：

> 夫學貴得之心，求之於心而非也，雖其言之出於孔子，不敢以為是也；而況其未及孔子者乎？求之於心而是也，雖其言之出於庸常，不敢以為非也；而況其出於孔子者乎？

其實他語氣中還是側重在「而況其出於孔子」那一句。因此他雖自己有他一番親切眞實的啟悟，但他還是要恢復大學古本，還是要採集朱子晚年定論，又還要寫出那篇大學問來做他自己的晚年定論。在這一方面，固然我們也可說，這是陽明良知學自身的弱點。似乎他還未能十分地平易眞切，並未能眞個一依自己良知直吐胸臆，似乎免不掉自己還在拘牽文義，則無怪後來講王學的人，仍要在文義上生糾葛。卽與陽明同時的幾位大儒如湛甘泉、羅整菴，都爲著陽明的格物說而起反對。陽明後學，爲著「格物」二字，又不知起了多少解說。大學明明說身、心、意、知、物，陽明卻偏說「其實只是一物」。大學明明說格、致、誠、正、修，陽明卻偏說「其實只有一事」。大學明明有先後次序，陽明卻偏說「雖有先後次序之可言，實無先後次序之可分」。究竟陽明是在說他自己的話，並非眞的在說大學。但後來學者，卻又不免要把大學來繩切王學，或者眞從大學來研究王學，宜其紛出多歧了。在這一篇大學問裏，格物的解釋，自屬牽強；而誠意一端，尤爲難通。別處陽明多以「如好好色，如惡惡臭」來解誠意，本屬無病；但此處他因爲泥著大學文句，轉身不得，他卻說「意之所發，有善有惡」。則誠意工夫，豈不成要善的實做他善，惡的實做他惡麼？若謂因其有善惡，故須良知來分別善惡以誠其意，試問那有如此支離的文義？錢緒山嘅嘆著師門宗旨，「未及一傳而紛錯若此，又何望於後世？」這也無足多怪了。但是上面所說，究竟無損於王學之大體。若學者把治史者疑古考信的眼光來批評陽明的拔本塞源論，把治經者訓詁章句的方法來批評陽明的大學問，眞是買櫝還珠，卻不能說那販珠商人裝著美櫝的不是。讀大學問的人，貴能從此辨認出陽明的眞見解，至於陽明見解和大學本文原義異同，這又當分別而論；而陽明的那一番曲折以求合於大學、曲折以求合於朱子之意，卻是他的一番至誠之意。若學者確乎明白到此，則又不致有後來講王學的狂放與虛僞的一路流弊出來了。現在再鈔陽明答顧東橋書裏的一節，雖也討論大學格物致知誠意；因爲沒有緊貼著大學原文，所以比較發揮得陽明自己意見明暢而又無病。學者循此以求，更不難得陽明自己的眞意所在。陽明說：

> 來書云：「謂致知之功，將如何為溫凊，如何為奉養，卽是誠意，非別有所謂格物，此亦恐非。」此乃吾子自以己意揣度鄙見而為是說，非鄙人之所以告吾子矣。若果如吾子之言，寧復有可通乎？蓋鄙人之見，則謂意欲溫凊，意欲奉養者，所謂意也，而未可謂之誠意。必實行其溫凊奉養之意，務求自慊而無自欺，然後謂之誠意。知如何而為溫凊之節，知如何而為奉養之

宜者，所謂知也，而未可謂之致知。必致其知如何為溫凊之節者之知而實以之溫凊；致其知如何為奉養之宜者之知而實以之奉養，然後謂之致知。溫凊之事，奉養之事，所謂物也，而未可謂之格物。必其於溫凊之事也，一如其良知之所知，當如何為溫凊之節者，而為之無一毫之不盡；於奉養之事也，一如其良知之所知，當如何為奉養之宜者，而為之無一毫之不盡；然後謂之格物。溫凊之物格，然後知溫凊之良知始致；奉養之物格，然後知奉養之良知始致；故曰物格而後知至。致其知溫凊之良知，而後溫凊之意始誠；致其知奉養之良知，而後奉養之意始誠；故曰知至而後意誠。此區區誠意致知格物之說蓋如此，吾子更熟思之，將亦無可疑者矣。

其實這一段話，還不過是「未有知而不行者，知而不行只是未知」的意思。翻看前章王學綱領，自然明得他眞意所在。若要在大學本文字句上去認眞理會，便入魔道。至於本節和大學問裏所說的異同，原文已自顯明，此不詳論。

三 四句教

傳習錄卷三黃省曾的一段記載說：

丁亥年九月，先生起復，征思田，將命行時，德洪與汝中論學，汝中舉先生教言曰：「無善無惡是心之體，有善有惡是意之動，知善知惡是良知，為善去惡是格物。」德洪曰：「此意如何？」汝中曰：「此恐未是究竟話頭。若說心體是無善無惡，意亦是無善無惡的意，知亦是無善無惡的知，物亦是無善無惡的物矣。若說意有善惡，畢竟心體還有善惡在。」德洪曰：「心體是天命之性，原是無善無惡的；但人有習心，意念上見有善惡在，格致誠正修，此正是復那性體功夫。若原無善惡，工夫亦不消說矣。」是夕，侍坐天泉橋，各舉請正。先生曰：「我今將行，正要你們來講破此意。二君之見，正好相資，不可各執一邊。我這裏接人，原有二種，利根之人，直從本原上悟入，人心本體，原是明瑩無滯的，原是個未發之中，利根之人，一悟本體，卽是工夫，人己內外，一齊俱透了。其次不免有習心在，本體受蔽，姑且教在意念上實落為善去惡，功夫熟後，渣滓去得盡時，本體亦明盡了。汝中之見，是我這裏接利根人的，德洪之見，是我這裏為其次立法的。二君相取為用，則中人上下，皆可引入於道。若各執一邊，眼前便有失了。便與道體各有未盡。」既而曰：「以後與朋友講學，切不可失了我的宗旨：無善無惡是心之體，有善有惡是意之動，知善知惡是良知，為善去惡是格物。只依我這話頭隨人指點，自沒病痛。此原是徹上徹下功夫。利根之人，世亦難遇，本體工夫一悟盡透，此顏子、明道所不敢承當，豈可輕易望人？人有習心，不教他在良知上實用為善去惡功夫，只去懸空想個本體，一切事為，俱不著實，不過養成一個虛寂。此病不是小小，不可不早說破。」是日德洪、汝中俱有省。

這裏的「無善無惡是心之體，有善有惡是意之動，知善知惡是良知，爲善去惡是格物」，便是有名的所謂「四句教」，又稱「四句訣」。錢緒山所編陽明年譜，也同樣記載著這事，他說：

九月，壬午，發越中。是月初八日，德洪與畿訪張元冲舟中，因論為學宗旨。畿曰：「先生說知善知惡是良知，為善去惡是格物，此恐未是究竟話頭。」德洪曰：「何如？」畿曰：「心體既是無善無惡，意亦是無善無惡，知亦是無善無惡，物亦是無善無惡。若說意有善有惡，畢竟心亦未是無善無惡。」德洪曰：「心體原來無善無惡，今習染既久，覺心體上見有善惡在。為善去惡，正是復那本體工夫。若見得本體如此，只說無功夫可用，恐只是見耳。」畿曰：「明日先生啟行，晚可同進請問。」是日夜分，客始散，先生將入內，聞洪與畿候立庭下，先生復出，使移席天泉橋上，德洪舉與畿論辨請問。先生喜曰：「正要二君有此一問，我今將行，朋友中更無有論證及此者。二君之見，正好相取，不可相病。汝中須用德洪工夫，德洪須透汝中本體。二君相取為益，吾學更無遺念矣。」德洪請問。先生曰：「有只是你自有，良知本體原來無有。本體只是太虛，太虛之中，日月星辰，風雨露雷，陰霾曀氣，何物不有，而又何一物得為太虛之障？人心本體，亦復如是。太虛無形，一過而化，亦何費纖毫氣力。德洪功夫須要如此，便是合得本體功夫。」畿請問，先生曰：「汝中見得此意，只好默默自修，不可執以接人。上根之人，世亦難遇，一悟本體，卽見功夫，物我內外，一齊盡透，此顏子，明道不敢承當，豈可輕易望人？二君以後與學者言，務要依我四句宗旨：無善無惡是心之體，有善有惡是意之動，知善知惡是良知，為善去惡是格物。以此自修，直躋聖位；以此接人，更無差失。」畿曰：「本體透後，於此四句宗旨何如？」先生曰：「此是徹上徹下語，自初學以至聖人，只此功夫。初學用此，循循有入，雖至聖人，窮究無盡。堯、舜精一功夫，亦只如此。」先生又重囑付曰：「二君以後，再不可更此四句宗旨，此四句中人上下無不接著。我年來立教，亦更幾番，今始立此四句。人心自有知識以來，已為習俗所染，今不教他在良知上實用為善去惡功夫，只去懸空想箇本體，一切事為俱不著實，此病痛，不是小小，不可不早說破。」是日洪、畿俱有省。

傳習錄中、下卷本係緒山編次，這一節所載，實與傳習錄無大出入。其他龍谿集有天泉證道記也載此事，語頗小異。謂：

陽明夫子之學，以良知為宗；然與門人論學，提四句為教法。緒山謂此是師門定法，一毫不可更易；先生（龍谿）謂夫子立教隨時，謂之權法，未可執定。體用顯微，只是一機，心意知物，只是一事。若悟得心是無善無惡之心，意卽是無善無惡之意，知卽是無善無惡之知，物卽是無善無惡之物。蓋無心之心則藏密，無意之意則應圓，無知之知則體寂，無物之物則用神。天命之性，粹然至善，神感神應，其機自不容已，無善可名。惡固本無，善亦不可得而有也。是謂無善無惡。若有善有惡，則意動於物，非自然之流行，著於有矣。自性流行者，動而無動；著於有者，動而動也。意是心之所發，若是有善有惡之意，則知與物一齊皆有，心亦不可謂之無矣。緒山子謂若是壞師門學法，非善學也。先生（龍谿）謂學須自證自悟，不從人脚根轉。若執著師門權法，以為定本，未免滯於言詮，亦非善學也。時夫子將有兩廣之行，緒山子曰：「吾二人所見不同，何以同人。」夫子晚坐天泉橋上，因各以所見請質。夫子曰：「正要二子有此一問。吾教法原有此兩種。四無之說為上根人立教，四有之說，為中根以下人立教。上根之人悟得無善無惡心體，便從無處立根基。意與知物皆從無生。一了百當，卽本體便是工夫。易簡直捷，更無剩欠，頓悟之學也。中根以下之人，未嘗悟得本體，未免在有善有惡上立根基。心與知物，皆從有生，須用為善去惡工夫，隨處對治，使之漸漸入悟。從有以歸於無，復還本體，及其成功一也。世間上根人不易得，只就中根以下人立教，通此一路。汝中所見，是接上根人教法。德洪所見，是接中根以下人教法。汝中所見，吾久欲發，恐人信不及，徒增躐等之病，故含蓄到今。此是傳心秘藏，顏子、明道所不敢言者。今既已說破，亦是天機該發泄時，豈容復秘？但吾人凡心未了，雖已得悟，不妨隨時用漸修工夫，不如此不足以超凡入聖。所謂上乘兼修中下也。汝中此意，正好保住。不宜輕以示人；概而言之，反成漏泄。德洪卻頓進此一格，始為大通。德洪資性沈毅，汝中資性明朗，故其所得，亦各因其所近。若能互相取益，始為善學耳。」

他以「四無說」適於導上根人，「四有說」適於導中根以下人，並與年譜、傳習錄同。惟僅謂四無說不可輕以示人，卻不說四有說爲徹上徹下之教，則與年譜、傳習錄異。陽明歿後，學者論及「四句教」，頗多異同。至黃梨洲明儒學案師說，乃疑「四句教」爲陽明未定之見。謂：

愚按「四句教」法，考之陽明集中，並不經見，其說乃出於龍谿，則陽明未定之見，平日間嘗有是言而未敢筆之於書，以滋學者之惑。至龍谿先生始云四有之說，猥犯支離，勢必進之四無而後快，既無善惡，又何有心意知物？終必進之無心、無意、無知、無物而後已。如此，則「致良知」三字，著在何處？

惟以年譜、傳習錄比觀，則四有、四無兩說，顯然並爲陽明所許，決非龍谿創托。大抵後儒懷疑，多在「無善無惡心之體」一語，其實陽明明明說過：

良知只是個是非之心，是非只是好惡。只好惡就盡了是非，只是非就盡了萬事萬變。

陽明明明從此心好惡上指點出良知，從好惡纔分了是非，從是非再定了善惡。而良知的好惡則是先天的，人間的善惡是後起的。如此說來，要說心是無善無惡的，似乎也並無不可。若說良知至善無惡，那自然更恰當。龍谿也說過，他答吳悟齋云：

至善無惡者，心之體也。有善有惡者，意之動也。知善知惡者，良知也。為善去惡者，格物也。

這與陽明大學問所謂「性無不善，心之本體本無不正」一意。鄒東廓的青原贈處記云：

陽明赴兩廣，錢、王二子各言所學。緒山曰：「至善無惡者心，有善有惡者意，知善知惡是良知，為善去惡是格物。」龍谿曰：「心無善而無惡，意無善而無惡，知無善而無惡，物無善而無惡。」陽明笑曰：「洪甫須識汝中本體，汝中須識洪甫功夫，二子打併為一，不失吾傳矣。」

梨洲因謂：

此與龍谿天泉證道記同一事，而言之不同如此。蕺山先師嘗疑陽明天泉之言與平時不同。平時每言：「至善是心之本體。」又曰：「至善只是盡乎天理之極，而無一毫人欲之私。」又曰：「良知卽天理。」錄中言天理二字不一而足。有時說：「無善無惡者理之靜。」亦未嘗逕說無善無惡是心體。今觀先生所記，而四有之論仍是以至善無惡為心。卽四有四句，亦是緒山之言，非陽明立以為教法也。今據天泉所記以無善無惡議陽明者，盍亦有考於先生之記乎？

梨洲之意，只該以「至善無惡」說心體。不得以「無善無惡」爲心體。但天泉橋問答，乃錢緒山、王龍谿二人一同在場。縱謂龍谿操戈入室，離了師門宗旨；然緒山所編年譜和傳習錄，豈不是很明白的證據嗎？而且「無善無惡是心體」一語，緒山也說是陽明教法，他的語錄裏也曾說過：

人之心體一也，指名曰「善」可也，曰「至善無惡」亦可也。曰善、曰至善，人皆信而無疑；又為「無善無惡」者何也？至善之體，惡固非其所有，善亦不得而有也。

據此則四句教自然出自陽明，決非龍谿一人的私言。我們現在也只應以緒山語校東廓，不應以東廓語疑緒山。只緣蕺山、梨洲信不得「良知」，定要在「良知」上面再裝一個「天理」，所以如此懇懇力辨。在陽明只說「良知卽天理」，並不是說「天理卽良知」。說良知卽天理，是要人反從心上求；說天理卽良知，便不免走入歧途，捨卻自己良知而別尋所謂天理了。講天理要論善惡，講良知只辨好惡；因此說他至善無惡固好，說他無善無惡也無何不可。至於陽明講誠意，本有兩個說法。一是四句教裏所謂：「有善有惡是意之動。」緒山說的：「心體原來無善無惡，今習染既久，覺心體上見有善有惡。」陽明自己也說：「人心自有知識以來，已爲習俗所染，今不教他在良知上實用爲善去惡功夫，只去懸空想個本體，一切事爲，俱不著實。」這都是從人心習染上來講意，正和大學問所謂：「心之本體，本無不正，自其意念發動而後有不正。故欲正其心者，必就其意念之所發而正之。凡其發一念而善也，好之眞如好好色；發一念而惡也，惡之眞如惡惡臭。則意無不誠，而心可正矣。」這一段話，便說的意有善惡。但陽明平時講誠意，另有一個說法，不和此相同。傳習錄卷上說：

大學指個眞知行與人看，說「如好好色，如惡惡臭」。見好色屬知，好好色屬行。只見那好色時已自好了，不是見了後，又立個心去好；聞惡臭屬知，惡惡臭屬行，只聞那惡臭時已自惡了，不是聞了後，別立個心去惡。

大學這一段說的是誠意，陽明卻用來說知行本體，說良知。可見陽明這裏的見解，並不和大學問相同。傳習錄上又說：

侃去花間草，因曰：「天地間何善難培，惡難去？」先生曰：「未培未去耳。」少間，曰：「此等看善惡，皆從軀殼起念，便會錯。」侃未達。曰：「天地生意，花草一般，何曾有善惡之分？子欲觀花，則以花為善，以草為惡，如欲用草時，復以草為善矣。此等善惡，皆由汝心好惡所生，故知是錯。」曰：「然則無善無惡乎？」曰：「無善無惡者理之靜，有善有惡者氣之動。不動於氣，卽無善無惡，是謂至善。」曰：「佛氏亦無善無惡，何以異？」曰：「佛氏著在無善無惡上，便一切都不管，不可以治天下。聖人無善無惡，只是無有作好，無有作惡，不動於氣。然遵王之道，會其有極，便自一循天理，便有個裁成輔相。」曰：「草既非惡，卽草不宜去矣。」曰：「如此卻是佛、老意見。草若有礙，何妨除去？」曰：「如此又是作好作惡。」曰：「不作好惡，非是全無好惡，卻是無知覺的人。謂之不作者，只是好惡一循於理，不去又著一分意思。如此，卽是不曾好惡一般。」曰：「去草如何是一循於理，不著意思？」曰：「草有妨礙，理亦宜去，去之而已；偶未卽去，亦不累心。若著了一分意思，卽心體便有貽累，便有許多動氣處。」曰：「然則善惡全不在物？」曰：「只在汝心循理便是善，動氣便是惡。」曰：「畢竟物無善惡。」曰：「在心如此，在物亦然。世儒惟不知此，舍心逐物，將格物之學看錯了，終日馳求於外，只做得個義襲而取，終身行不著，習不察。」曰：「如好好色，如惡惡臭，則如何？」曰：「此正是一循於理，是天理合如此，本無私意作好作惡。」曰：「如好好色，如惡惡臭，安得非意？」曰：「卻是誠意，不是私意。誠意只是循天理。雖是循天理，亦著不得一分意。故有所忿懥好樂，則不得其正；須是廓然大公，方是心之本體。知此卽知未發之中。」

這卻明明說「如好好色，如惡惡臭」是誠意了。原來在心既無善惡，在物也無善惡，只有此心之好惡，便是天理。只要一循此心好惡之純，而不再著一分私意，便是所謂「循天理」，便是所謂「誠意」。陽明說：「無善無惡者理之靜。」和說：「無善無惡是心體。」實在是其理一貫的。梨洲強要爲他分別，大可不必。陽明常說：「良知見父自知孝，見兄自知弟。」只因人的良知，見父自知要孝，見兄自知要弟，所以說孝弟是善。並不因爲孝弟是善的，然後人的良知才要去孝弟。若說因爲孝弟是善，所以人才要去孝弟，那已是私意作好作惡，並不是誠意，也並不是良知、天理了。陽明之意，只要人認得自己良知，見父自會知孝，見兄自會知弟，他自會循天理而合於善。故既說至善無惡，又說無善無惡。這本也是一種蕩滌掃除。若人先要尋求一個善的天理孝和弟來放在自己心上，他便不免舍心逐物，忘了自己的良知，也決不會眞認識得孝弟至善的天理。所以陽明一面雖說「至善是心之本體」，一面卻定要說「無善無惡是心體」，其意只爲怕人「舍心逐物，將格物之學看錯了，終日馳求於外，做得個義襲而取」的緣故。因此陽明講誠意，也就有兩說：一是意有善惡要人在爲善去惡上用功夫；一是意只有好惡，只要人如實的好惡便得。上一說爲中根以下人說法，只爲有習染掩蔽了他的良知；下一說乃爲上根人說法，便是所謂「即本體便是功夫」了，不容得再有功夫。傳習錄上尚有一節論及此意說：

> 守衡問：「大學工夫，只是誠意，誠意工夫，只是格物，修、齊、治、平，只誠意盡矣，又有正心之功，有所忿懥好樂則不得其正，何也？」先生曰：「此要自思得之。知此，則知未發之中矣。」守衡再三請，曰：「為學工夫有淺深，初時若不著實用意去好善惡惡，如何為善去惡！這著實用意，便是誠意。然不知心之本體原無一物，一向著意去好善惡惡，便又多了這分意思，便不是廓然大公。書所謂『無有作好作惡』，方是本體。所以說有所忿懥好樂則不得其正。正心只是誠意工夫。裏面體當自己心體，常要鑑空衡平，這便是未發之中。」

這便是說：在未悟未發之中以前，自然不免要著意去好善惡惡；若是已悟未發之中以後，他所好便是善的，所惡便是惡的，更不要再多一個好善惡惡之意。這都和陽明的天泉問答可以互相證明。後人自信不得良知，所以要懷疑到他的「四句教」。

但陽明「四句教」，究竟有一個分歧點存在的。一是錢緒山所主專接中根人而同時又是徹上徹下的「四句教」，另一則是王龍谿所主專接上根的人究竟教法「四無論」。就陽明畢生講學精神所注，顯然側重在「知行合一」的本體上。若我們認眞此「知行合一」的本體，不要把行的一邊忽略了，則行已落實到具體人事上，我們不能說人生一切具體行事，全是無善無惡。若必如此說，決然會轉入猖狂妄行，所謂狂禪與僞良知那一條路上去。姑不論是王龍谿，即如江右學派的羅念菴，他也似乎太偏重了知體，認爲有眞知纔能行，卻不大肯說有實行自有知。如此則也不免把陽明良知學太偏用力牽向內，太側重到良知本體，而實際則已把行分開了。似乎也不是陽明提倡「知行合一」的本體論之眞精神所在。

卽就南鎭問答的一段話來說，陽明明明說：「你未看此花時，此花與汝心同歸於寂，你來看此花時，則此花顏色一時明白起來。」我們也可套他話頭說：你未在事上磨鍊時，心事同歸於寂，你一經到事上磨鍊，那事的善惡，也卽一時明白起來。故說「無善無惡心之體」，也卽是理之靜。「有善有惡意之動」，也卽是理之動。陽明話本很明白，爲何定要說「心是無善無惡之心，意亦是無善無惡之意，知亦是無善無惡之知，物亦是無善無惡之物」呢?可見講王學，還是該切實扣緊在實際人生上，卻不必先有一番懸空的摸索與思辨。那纔始是主張「知行合一」的眞精神。

在這一點上，陽明天泉橋問答以後，不幸卽作古人，沒有在這方面再細發揮，於是遂引生出王學後起不可彌縫的裂痕，而王學也終於漸漸走了樣，這眞是一件極可惋惜的事。

我上面所述陽明晚年思想，共舉出了三大項目來。一是拔本塞源論，二是大學問，三是「四句教」。在我認爲，此後我們要發揚王學，應該更注意拔本塞源論，庶乎不走失了王學眞精神，而且可以實措之當身與當世。又是人人與知與能，簡易明白，直捷無弊的。至於大學問與天泉橋問答，其中都不免易於引起文義爭辨，都會在言說思辨引入歧途，必須把來扣緊在拔本塞源論的大題目之下，庶乎有一個確定的目標與繩尺，不至於走失了陽明講學的原樣子。

王學的流傳

上面簡略地講了一個王學的大概，下面再述說一些關於王學的流傳。黃梨洲的明儒學案裏，泰半皆王門流裔，他分列爲浙中王門、江右王門、南中王門、楚中王門、北方王門、閩粵王門及泰州各派。再傳而後又有止脩、東林、蕺山。現在不能一一詳說，就中最要的有下列諸家。

一　王龍谿

梨洲說：

姚江之學，自近而遠……郡邑之以學鳴者，亦僅僅緒山、龍谿。

又云：

先生（龍谿）親承陽明末命，其微言往往而在。象山之後不能無慈湖，文成之後不能無龍谿。以為學術之盛衰因之。慈湖決象山之瀾，而先生疏河導源，於文成之學，固多所發明也。

今按：龍谿力持「四無」之說，後儒羣起疑辨，他的後學，也確多流弊。然他於陽明親炙日久，他的四無說，也本爲陽明所首肯。他論良知也實有精卓處。不得以此後流弊罪一人。他說：

此學全在悟，悟門不開，無以徵學。然悟不可以言思期必而得。悟有頓漸，修亦有頓漸。著一漸字固是放寬，著一頓字亦是期必。放寬便近於忘，期必又近於助。要之皆在識神作用，有作有止，有任有滅，未離生死窠臼。

果能一念惺然冷然，自然窮其用處，了有天則，方為主宰。須信種種嗜慾，皆是本心變化之迹，時時敵應，不過其則，方為煅煉。若信不得這些子，只在聞見上湊泊支持，下苦工時便是有安排，討現成時便成無忌憚，未免墮落兩邊，其為未得心應手則一而已。

又說：

此件事無氣魄可湊泊，無才能可倚靠，亦無道理可商量。只從一念入微，神感神應，時時見有過可改，時時見有善可遷，便是入聖眞血脈路。所謂講之以身心，非徒口耳傳述已也。

又說：

致此良知，潔潔淨淨，不為功利所滑擾，不為見解所湊泊，便是學聖人眞功夫。世之所謂豪傑，蹈繩守墨，不敢越尺寸，檢點形跡，持循格套，趨避毀譽，不使少有破綻，自信以為完行矣；不知正墮在鄉黨自好窠臼裏，殊不自覺也。若是出世間大豪傑，會須自信本心，以直而動，變化云為，自有天則，無形迹可拘，無格套可泥，無毀譽可顧，不屑屑於繩墨，而自無所踰。縱有破綻，乃其踐履未純，原非心病。所謂「君子之過，如日月之食，人皆見之。」胸中光明特達，無些子滯礙，始是入聖眞血路。

又說：

嗜慾深痼，割情極難。若非極下苦功，令本心時時作得主宰，未有不以從欲為自然者。

諸如此類，皆可謂指點親切，眞得陽明良知薪傳。江右羅念菴爲龍谿諍友，然如上引諸條，龍谿之與念菴，豈不語語印合？只爲龍谿天分高，言之與念菴異其辭；迹有近於縱放。然誠有眞好學能自識痛癢者，必知龍谿之簡易，猶之念菴之艱厲；龍谿之縱放，亦猶念菴之謹嚴；歸根究極，了無兩樣。後來學龍谿的人，自入魔道，卻不能盡怪龍谿。（按本節所引，均見孫奇逢理學宗傳。）

二　王心齋

梨洲又曾說：

陽明先生之學，有泰州、龍谿而風行天下，亦因泰州、龍谿而漸失其傳。泰州、龍谿時時不滿其師說，益啟瞿曇之秘而歸之師，蓋躋陽明而為禪矣。然龍谿之後，力量無過於龍谿者，又得江右為之救正，故不至十分決裂。泰州之後，其人多能以赤手搏龍蛇，傳至顏山農、何心隱一派，遂非復名教之所能羈絡矣。

王心齋是泰州學派的開山，他最著名的是所謂淮南格物說。他以「反己」爲格物，以「止至善」爲安身。他說：

止至善者，安身也。安身者，立天下之大本也。身也者，天地萬物之本，天地萬物末也。物有本末。故物格而後知本，知本，知之止也。身與天下國家，一物也，惟一物而有本末之謂。格，絜度也。絜度於本末之間，而知本亂而末治者否矣，此格物也。

格物，知本也；立本，安身也。安身以安家而家齊，安身以安國而國治，安身以安天下而天下平。知得身是天下國家之本，則以天地萬物依於己，不以己依於天地萬物。

有疑出必為帝者師，處必為天下萬世師者。曰：禮不云乎？學也者，學為人師也。學不足以為人師，皆苟道也。故必以修身為本，然後師道立。身在一家，必修身立本以為一家之法，是為一家之師矣。身在一國，必修身立本以為一國之法，是為一國之師矣。身在天下，必修身立本以為天下之法，是為天下之師矣。是故出不為帝者師，是漫然苟出，反累其身，則失其本矣。處不為天下萬世師，是獨善其身，而不講明此學於天下，則遺其本矣。皆非也，皆小成也。

又爲明哲保身論，謂：

明哲者，良知也。明哲保身者，良知良能也。知保身者則必愛身，能愛身則不敢不愛人，能愛人則人必愛我，人愛我則吾身保矣。能愛身者，則必敬身，能敬身則不敢不敬人，能敬人則人必敬我，人敬我則吾身保矣。故一家愛我，則吾身保，吾身保然後能保一家。一國愛我，則吾身保，吾身保，然後能保一國。天下愛我，則吾身保，吾身保然後能保天下。知保身而不知愛人，必至於適己自便，利己害人，人將報我，則吾身不能保矣。吾身不保，又何以保天下國家哉？能知愛人而不知愛身，必至於烹身割股，舍生殺身，則吾身不能保矣。吾身不能保，又何以保君父哉？

心齋的格物說，大略如此。在陽明本身，專提良知，已若拘拘於此身。捨此身則心不存而知亦不顯，孝弟惻隱一切道理於何發見？故良知雖說人人同有，而其實則各各私於一身；良知雖說並包衆理，其實也限於一知。今說心外無理，心外無物，則無異說身外無理，身外無物。轉辭言之，便成身外無事。孝弟惻隱亦皆當身事，使無此身，或此身退在局外，則良知不復當境，良知不當境便是寂了，何從見理、見事、見物？照此說來，泰州的格物說，眞是姚江肖子。而且似乎泰州派是最能切實扣緊人生實際，注重到行的一邊了。然而泰州一派，此後所趨，好弄光景，囿於一心之當境，限於一身之現前，也就出了弊病。雖說「出必爲帝者師，處必爲天下萬世師」，又謂「要天下人愛我敬我纔得保吾身」，只成爲議論上裝點的虛幌子，實際則掩飾不過內心上的狹隘。他們要以天地萬物依己，不以己依天地萬物，正如程子所說：

不得以天下萬物撓己，己立後自能了當得天下萬物。

於是他們始終儘說天地萬物與我一體，卻始終不免把我抬得過高，把天地萬物看得過輕。於是後來的泰州派，專要在喫飯、飲茶、運水、搬柴上顯個神奇，求個聖蹟，所以梨洲要說「躋陽明而爲禪」了。其實陽明講良知，從感應好惡上著眼，本是平易切近，人人可學；卻並不要人人出爲帝師，處爲天下萬世師，做出安國安天下的大業來。他力說聖人只在成色上爭，不在分量上爭。我們只細看他的拔本塞源論眞有萬物並育、小大各得其所的氣象。看似卑淺，其實遠爲廣大高明。只因陽明平日講學，在人心的感應好惡上發揮得多些，在家國天下的關係上發揮得少些，像拔本塞源論一般的意見，發在晚年，未曾再加意闡述，因此不爲王門後學所注意。心齋意氣高，行事奇，陽明生時本已屢加裁抑；他的格物說，到底不脫平日熟處，以後張皇過甚，遂令良知流爲狂禪。我們此刻須把龍谿的流弊與心齋的流弊分別細看，纔知王學毛病，並不止在一條路上生。如何把握得王學眞精神，卻不是件容易的事。這一層講王學的人不可不深知。

三　羅念菴

梨洲說：

姚江之學，惟江右為得其傳。東廓、念菴、兩峯、雙江，其選也。再傳而為塘南、思默，皆能推原陽明未盡之旨。是時越中流弊錯出，挾師說以杜學者之口；而江右獨能破之。陽明之道，賴以不墜。蓋陽明一生精神，俱在江右，亦其感應之理宜也。

下面姑舉羅念菴一人來做江右王門的代表。念菴說：

弟之取諸人者，但能於自性自命喫緊用力。不知向此用功，卽在話頭上拈弄；至於自性自命，既已傷損，尚不能知。當下動氣處自以為發強剛毅，纏粘處自以為文理密察，加意奉陪卻謂恭敬，明白依阿卻謂寬仁，非眞知痛癢與所謂能知言也。此等處非是各人自悟，縱終日爭辨，未有出頭時也。陽明云：「聖人之學，只是一誠。」良知亦誠而已，豈容言說爭耶？（答何善山）

他把一「誠」字來釋「良知」，眞可說得陽明眞傳。他又說：

陽明先生良知之教，不以良知為足，而以致知為工。今也不知，但取足於知而不原其所以良，故失養其端，而惟任其所以發。遂以見存之知為事物之則，而不察理欲之混淆；以外交之物為知覺之體，而不知物我之倒置。理欲混淆，故多認欲以為理；物我倒置，故常牽己以逐物。以一念之明為極則，以一覺之頃為實際，不已過於鹵莽乎？審如是，則良知二字足矣，何必贅之以致？（答郭平川）

這一節發揮「致良知」意思，深斥當時借著「悟得本體卽是工夫，直下承當不犯手腳」的一般高調。

他又說：

各得其本心者謂之仁，此聖人教人入德之門也。然能自識其心之所以為心，與卽其資之所近以各得其本心，非徒師不能以授之弟子，與弟子不能得之於師也；卽吾一人之身，自少至壯，自壯至老，亦有不得而必者。非徒一身為然也，卽吾一日之間，自朝至昃，自昃至夕，亦有不可得而必者，而況於人人哉？故經營不周，則改過不密；踐履不久，則實際不純。非忘成心，去

故智，絶多歧而歸一原，則吾之本心必不可復，其亦可謂艱厲矣。（寧國府學門記）

這一節發明陽明「事上磨練」之意，也最爲透切。他又有韶州南軒書院記，發揮南軒「義利之辨」云：

昔者誦先生之言曰：「學者莫先於義利之辨，義者無所為而然，意之所向一涉於有為，皆不免於利之也。」當是時，以為吾之日用，苟未至於有所為，斯已矣；而豈必盡絶於其意？意之所向，苟未沈溺斯已矣；而豈能遂無少於偏？已而求之動靜之間，而後負大慚焉。夫天之於人，不能無食色、居室、貨財以相養，則亦不能無爵位、聲譽、技能以相別。吾以有生重其累，而又以有知雜其誘。以外誘之知而觸有生之累，其心既無以自勝，則亦不得不從而寄寓其間。故意之所向，不之於食色，則之於居室；不之於貨財，則之於爵位、聲譽、技能。而心之無所為者，日紛紜矣。方其始也，固知其不可以相兼也，及其緣釁當機，輾轉依附，失者之慄，得者之燥，營營然且滅且生而不知悟也。然以其虛妄之見，亦豈無驅逐懲創之力哉？惟其強於暫者，不能自必於其久；勉於外者，不能盡忘於其中。吾之日用以為未嘗有所為者，乃其勉強之少間；而意之所尚，固卽彼之所以為沈溺。特吾有以文之，不若彼之暴露焉耳。

這一段申說南軒議論可謂深切著明。南軒爲朱子推重，其「義利之辨」數語，尤見稱說。念菴一本陽明良知之意爲之闡發，教一輩徒守門戶，爭文字，疑良知非正學的人讀了，也免不得要點頭道個是字。孫夏峯曾說：

陽明門下，尊所聞，行所知者，儘不乏人；而眞實得力，萬不可少其人者，則羅文恭也。（本節所引多據孫氏理學宗傳。）

可見此後講王學的，因於發見了王學種種流弊，遂覺得須從念菴入門，總該比較地無誤了。但這些只是後人意見，我們若細看陽明自己話，總覺念菴所講仍像是走了些陽明的原樣子。這已在上面論龍谿一節中附帶述及，此不贅。

以上粗粗講了浙中、江右、泰州三派，約略可見王學流傳之一斑。此下直至晚明，國種淪亡，宗社顛覆，人心搖兀，信王學者日少，排王學者日多。下及淸初，算只有浙東一派，還是遠承陽明遺緒。梨洲著明儒學案，極推陽明，他在自序裏說：

盈天地皆心也。變化不測，不能不萬殊。心無本體，工夫所至，卽其本體。故窮理者，窮此心之萬殊，非窮萬物之萬殊也。是以古之君子，寧鑿五丁之間道，不假邯鄲之野馬，故其途亦不得不殊。奈何今之君子，必欲出於一途，使美厥靈根者化為焦芽絕港。夫先儒之語錄，人人不同，只是叩我之心體，變動不居。若執定成局，終是受用不得。

從此講良知的漸漸脫離了本體而側向工夫，脫離了大同而側向萬殊。直到章實齋講史學，謂：

浙東之學言性命者必究於史，此其所以卓。

又謂：

言學術功力必兼性情，為學之方不立規矩；但令學者自認資之所近與力能勉者，而施其功力，即王氏良知之遺意。

這一派實在可和陽明的拔本塞源論相通。可惜的是沒有觸及拔本塞源論之博大開闊處。梨洲同時有顏習齋，敦尚實行；實齋同時有戴東原，提高情感。他們雖皆自居於反王學的地位，其實他們立論，也還是近於王學所包的一部。所以梨洲高弟萬季野和習齋弟子李恕谷論學極相得。焦理堂講孟子，全取戴說；而他同時又深信王學；可見顏、戴兩家之不能懸絕於王學以外了。此後講王學的，能把浙東和顏、李及戴、焦三派，融和會合；再歸之浙中、江右、泰州，萬派歸宗，而溯源於陽明；一罏共冶，海涵地負，再從博雜見精純，再從艱深得平易，庶乎重發陽明良知精義，爲宇宙開奇秘，爲斯民立標極，那便是命世的豪傑。

陽明年譜

王守仁，字伯安，學者稱陽明先生。

高祖與準，號遁石翁，精禮、易，著易微數千言。永樂間，舉遺逸，不起。

曾祖世傑，號槐里子，以明經貢太學卒。

祖天敘，號竹軒，人方之陶靖節、林和靖，有竹軒稿、江湖雜稿行世。

父華，字德輝，別號實菴，晚稱海日翁，嘗讀書龍泉山中，又稱為龍山公。成化辛丑進士及第第一人，仕至南京吏部尚書。

憲宗成化八年壬辰九月，先生生。

是年李大厓二十一歲，蔡虛齋二十歲，王平川九歲，羅整庵八歲，鄒立齋七歲，董蘿石六歲，湛甘泉二歲，李夢陽生。

十年甲午，先生三歲。

王廷相、何柏齋生。

十四年戊戌，先生七歲。

李谷平、崔後渠生。羅一峯卒，年四十八。

十七年辛丑，先生十歲。自此以上皆在越。

是年龍山公舉進士第一。

十八年壬寅，先生十一歲，寓京師。

十九年癸卯，先生十二歲，就塾師。

王心齋、顧箬溪、何大復生。

二十年甲辰，先生十三歲。

母鄭氏卒。

二十二年丙午，先生十五歲。

季彭山生。胡居仁卒，年五十一。

出遊居庸三關。

二十三年丁未，先生十六歲。

何善山生。李介庵卒，年五十三。

聶雙江、徐橫山、南瑞泉生。

孝宗弘治元年戊申，先生十七歲，在越。

七月，親迎夫人諸氏於洪都。

楊用修生。

二年己酉，先生十八歲，寓江西。

十二月以夫人諸氏歸餘姚。舟至廣信，謁婁一齋。

三年庚戌，先生十九歲，在越。

龍山公以外艱歸姚。

劉兩峯生。

四年辛亥，先生二十歲。

鄒東廓生。婁一齋卒，年七十。鄒立齋卒，年二十六。

五年壬子，先生二十一歲。

舉浙江鄉試。是年為宋儒格物之學，沈思遇疾，自委聖賢有分，乃隨世學辭章。

黃洛村、魏水洲生。

六年癸丑，先生二十二歲。

春，會試下第。

楊斛山生。

七年甲寅，先生二十三歲。
王履吉、陳明水生。
九年丙辰，先生二十五歲。
會試不第，歸餘姚，結詩社龍泉山寺。
錢緒山、歐陽南野生。
十年丁巳，先生二十六歲，寓京師。
是年學兵法。
十一年戊午，先生二十七歲。
是年先生舊疾復作，談養生。
萬鹿園、王汝中生。
十二年己未，先生二十八歲。
舉進士出身，觀政工部。
莊定山卒，年六十三。
十三年庚申，先生二十九歲。
授刑部雲南清吏司主事。
十四年辛酉，先生三十歲。
奉命審錄江北囚，遊九華。

十五年壬戌，先生三十一歲。

八月告病歸越。習導引術。

十六年癸亥，先生三十二歲。

移疾西湖，復思用世。

尤西川生。

十七年甲子，先生三十三歲，在京師。

秋，主考山東鄉試。九月，改兵部武選清吏司主事。

羅念菴生。

十八年乙丑，先生三十四歲。

與湛甘泉定交，共以倡明聖學為事。是年門人始進。

武宗正德元年丙寅，先生三十五歲。

二月，上封事，下詔獄，謫龍場驛驛丞。

二年丁卯，先生三十六歲，在越。

夏赴謫至錢塘。因由武夷至廣信，歷沅、湘至龍場驛。

徐愛納贄北面。

三年戊辰，先生三十七歲，在貴陽。

春至龍場。是年始悟格物致知。

冀闇齋、蔣道林從學。

趙大州生。蔡虛齋卒，年五十六。

四年己巳，先生三十八歲。

主貴陽書院。始論知行合一。

王愼中生。

五年庚午，先生三十九歲，在吉。

陞盧陵縣知縣。

語學者悟入之功。

冬十一月，入覲，十二月，陞南京刑部四川淸吏司主事。與黃綰論聖學。

賀醫閭卒，年七十四。

六年辛未，先生四十歲，在京師。

正月，調吏部驗封淸吏司主事。

論晦菴、象山之學，有兩與徐成之書。

二月爲會試同考官，鄒東廓舉第一。

十月陞文選淸吏司員外郎。

王東厓生。

七年壬申，先生四十一歲。
三月，陞考功清吏司郎中。
十二月，陞南京太僕寺少卿，便道歸省。與徐愛舟中論學，載今傳習錄首卷。
八年癸酉，先生四十二歲。
二月至越。十月，至滁州，督馬政。自是諸生從遊遂衆。
九年甲戌，先生四十三歲。
四月，陞南京鴻臚寺卿。五月，至南京，陸原靜因徐橫山受學。
十年乙亥，先生四十四歲，在京師。
十一年丙子，先生四十五歲。
九月，陞都察院左僉都御史，巡撫南贛汀、漳等處。
十月，歸省至越。
十二年丁丑，先生四十六歲，在贛。
正月，至贛。二月，平漳寇。九月，改授提督南贛汀、漳等處軍務。十月，平橫水、桶岡諸寇。
黃洛村、何善山、管義泉從學。
胡廬山、呂愧軒生，徐橫山卒，年三十一。（學案在十二年五月，緒山年譜在十三年。）
十三年戊寅，先生四十七歲。

正月，征三浰。三月，平大帽、浰頭諸寇。六月，陞都察院右副都御史。七月，刻古本大學，刻朱子晚年定論。八月，門人薛侃刻傳習錄。

十四年己卯，先生四十八歲。

六月，奉敕勘處福建叛軍，聞宸濠反，遂返吉安，起義兵。七月，拔南昌，獲濠，江西平。九月，奉敕兼巡撫江西。

十五年庚辰，先生四十九歲。

九月，王心齋執弟子禮。

十六年辛巳，先生五十歲。

始揭致良知之教。

六月，陞南京兵部尚書。八月，至越。九月，歸餘姚省祖塋。錢緒山執贄從學。

嘉靖元年壬午，先生五十一歲。

二月，龍山公卒。

王塘南生。

二年癸未，先生五十二歲。

三年甲申，先生五十三歲。

門人日進。郡守南大吉以座主稱門生。董蘿石年六十八來執贄。

四年乙酉，先生五十四歲。

答顧東橋書，有「拔本塞源」之論。

六年丁亥，先生五十六歲。

五月，命兼都察院左都御史，征思田。九月，發越中，有錢緒山、王龍溪天泉橋問答。

十一月，至梧州。十二月，命暫兼理巡撫兩廣。

章木清、鄧潛谷生。

七年，戊子，先生五十七歲。

三月，思田平。七月，破八寨，斷藤峽。

十月，與聶豹書，釋勿忘勿助工夫。

十一月，先生卒於南安。

《錢穆先生全集》總書目

甲編

乙編

中國歷史精神
國史新論
中國歷代政治得失
中國歷史研究法
中國史學發微
讀史隨劄
中國史學名著
史記地名考（上、下）
古史地理論叢

丙編

文化學大義
民族與文化
中華文化十二講
中國文化精神
湖上閒思錄
人生十論
政學私言
從中國歷史來看中國民族性及中國文化
文化與教育
歷史與文化論叢
世界局勢與中國文化
中國文化叢談
中國文學論叢
理學六家詩鈔
靈魂與心
雙溪獨語
晚學盲言（上、下）
新亞遺鐸
八十憶雙親師友雜憶合刊
講堂遺錄（一、二）
素書樓餘瀋
總目